왜 교토인가 2

내가 살던 동네 데마치出町

# 왜 교토인가 2
## なぜ、京都なのか
## Why Kyoto

### 내가 살던 동네 데마치
#### 私の住んだ町出町

작가의 말

## 왜 여전히 교토인가?

미국의 삶을 뒤로 하고 귀국한 후로도 인연있는 워싱톤 뉴욕 보스톤에 자주 가게 되었습니다. 그러나 20년이 되자 그 횟수가 줄어들며 가까운 일본을 가게 됩니다.

단순 여행이라기보다는 회의나 세미나, 저의 시 낭송과 스피치로 그리고 제 시들을 일본 작곡가가 작곡하여 여는 콘서트에 가는 등 목적 있는 여행이었습니다.

그렇게 저뿐 아니라 많은 이들이 가던 일본이 코로나 19로 하늘이 막혀 버렸습니다. 이렇게 갇혀 지내는 일상이 무력해질 때 우리에게 꼭 필요한 것이 바로 그 힐링과 교류의 여행인데 말이지요.

하지만 모두가 눈치챘듯 코로나는 일상에서 가라앉을 것이고 여행할 시간은 다가올 것입니다.

'왜 교토인가 1'이 출간된 것은 2018년 입니다.

2011년 한·일 양국에서 출간된 '삶에 나라에 어찌 꽃피는 봄날만이 있으랴' '그대의 마음 있어 꽃은 피고' 두 시집이 화제가 된 후 일본에 자주 갈 일이 생기면서 일본을 너무 모르는 것이 양심에 걸려, 천 년 고도古都 교토京都에 공부하러 갔고 동지사 대학同志社大學을 나온 것이 2016년 이니 그 앞뒤로 적어도 4년 이상 써온 것입니다.

생각하면 가깝고 뭘 좀 안다고 생각해 간 일본은 낯선 이국異國이었습니다. 만학으로 한 공부도 힘겨웠지만 그간의 수많은 사나흘 방문으로는 보고 느끼지 못한 것들을 귀국해 써나갔습니다.

많은 사람들이 일본을 관광이든 여행이든 방문을 했고 앞으로도 갈 것이지만, 제가 그랬듯 피상적으로만 본 일본의 역사를, 조금만 깊이 들여다보면 보일 문화를 보지 못했습니다. 더구나 그 안에 살고 있는 사람이나 그들의 생각을 모르고 있는 것이 아쉬웠습니다.

늦게나마 배우고 조금 깨우친 것을 전해야 한다는 사명감으로 집필에 들어섰고, 지난 세월의 방문과 그리고 공부로 머물었던 교토와 일본을 세심히 보면서 우리와의 깊은 인연과 관계를 새삼 느끼게 됩니다. 왜 그들이 한국 시인인 손호연의 시비를 아오모리 태평양 가에 높이 세웠는지 그 뜻도 알게 되었습니다.

4백 쪽이 넘는 두툼한 그 '왜 교토인가'로 일본에 대한 마음 속 숙제는 어느 정도 정리했다 싶었습니다.

그러다 돌아가는 상황과 사람들이 교토에 가며 그 책을 들고 가거나 가서 제게 물어오는 것들을 보며 거기에 빠진 것, 그 미비한 마음이 떠올랐습니다.

그러나 무엇보다 지리적으로나 역사적으로 혈연적으로 가까워야 할 우리가 그렇지 못한 것에 마음이 무거워집니다.

2012년 시작된 반일 혐한도 기다리면 된다는 미덕도 이제 십 년이 되어 갑니다. 사랑의 반대는 미움 증오가 아니라 무관심이라는 말은 여기에도 해당되어 서로의 관심이 아예 제로가 되어버린 것이 안타깝기만 합니다.

'이웃끼리, 이웃 나라 끼리, 인류가 다툼 없기'를 절실히 바란 어머니의 소원은 온전히 저의 소원이 되기도 했습니다. 미래에 후손에게 이런 상황을 넘기는 건 아니라는 생각입니다.

코로나 비대면 세상이 길었습니다.
그러나 저의 비대면은 더 긴 시간이었고, 그 시간에 여전히 한일관계와 양국 국민의 무관심이 염려되어 마침내 글 하나하나를 뜸 들이어 적게 되었습니다.

교토엔 저만 알고 숨기고 싶은 명소도 많지만, 매일 아침마다 백팩을 메고 종종걸음으로 대학 캠퍼스를 들어갔던 제가 살던 근처의 조용한 동네 데마치出町도 있습니다.

한국과 미국의 문화가 몸에 배인 제가 어쩌다 일본통으로도 알려지게 되었지만 그 데마치出町 마을를 그리며 이렇게 '왜 교토인가 2'를 다시 세상에 내어놓습니다.

'왜 교토인가 1' 책은 동지사대 졸업 후에도 교토에 자주 가며 썼지만 이 '왜 교토인가 2'는 교토를 가지 못하고 회상하며 거의 코로나 창궐 이전부터 쓰여졌습니다.

그러나 지난 책의 70개 이야기에 이어 여기에 실린 49개 이야기에도 따뜻한 마음을 넣었습니다.

『왜 교토인가 1 & 2』일어판도 나오게 됩니다.

어떠함에도 희망을 버리지 않습니다.
여전히 세상은 착하고 우리의 관계도 2천 년 내려온 지근 거리의 한일관계도 다시 아름다워질 것이라는 믿음을 가지게 됩니다.

　　　이웃해 있어 마음에도 가까운 나라 되라고
　　　　　　　무궁화를 보다듬고 벚꽃을 보다듬네

　　　　　　　　　　　　　　　　　　　손 호 연

add　'나만 알고 싶은 교토의 명소 8곳'을 찾아가시는 걸 보고 이번에도 비밀로 할 수 없는 9곳의 이야기를 넣었습니다. 그런데 그곳들은 글에 나오는 계절에 가는 것이 가장 좋다고 생각합니다.

　　　손호연 이승신 모녀시인의 집
　　　이 승 신

차례

## 내가 살던 동네 데마치出町

16　육첩방
24　내가 살던 동네 데마치
32　'네네노미치' 사람들
39　다시 동지사
46　배운다는 것은
51　다시 윤동주

## 문학의 나라

60　헤이세이를 마감하며
65　문학의 나라
69　왕족의 시 문학
75　동해 바다
81　'니이지마 조' 묘 앞에 서면
88　Amherst의 '가지 않은 길'

## 가모가와의 봄

96   묘신지 꽃구경
102  헤이안진구의 밤 벚꽃
108  나무 부러지다
115  천 년의 이끼 고케데라
123  가모가와의 봄


## 교토에 가을 물이 들면

130  다시 교토
134  딴 세상
139  교토의 가을은 에이칸도
144  도쿠가와 이에야스의 엥코지
150  료안지 가을에 물이 들면
155  키타노텐망구의 개울

## 큐쿄도의 엽서

162　큐쿄도의 엽서
167　갤러리 가든 카히츠칸
172　가와바다 야스나리의 히이라기야
178　도라야 양갱
184　수이란 아라시야마
191　하나이카다
196　보도블럭을 걸으며

## 맛과 차茶

202　화가의 집, 더 소도
208　두부의 시작, 오쿠탄
214　쿄오망의 우나기
218　다다미가 있는 방
223　카기젠요시후사 쿠즈키리
228　찻집 Francois
233　아오모리 사과
239　아마구리

## 교토를 넘어

244 　야나기 무네요시의 '민예'
250 　Ginza Six
255 　엄마의 치도리가후치
260 　쿠사츠의 봄
264 　오쿠도고에 땀을 씻으며
269 　시 읊는 택시 운전사


## 칼럼과 기사

278 　어머니의 유언
282 　한일관계를 생각하다
287 　배명복의 '사람 속으로'
297 　서울에서 여보세요
300 　일본인에게 부치는 편지

내가 살던 동네 데마치

# 육첩방

교토 유학 당시의 공부방

윤동주 시인이 1940년대 일본 유학에 있던 방이 육첩방六疊房이었다고 하는데, 70 몇 년 후 같은 학교가 있는 교토로 유학을 가서 내가 쓰던 방도 그 크기였다.

동지사同志社 대학의 기숙사 정보를 보니, 학생들과 키친을 함께 쓰는 것이어서 독립 방을 찾으러 미리 가 보기로 했다. 예산을 기숙사의 몇 배로 했지만 아주 높진 않아서인가 하루 여러 곳을 보아도 다 엇비슷하여 돕는 분에게 미안해, 마지막 것으로 하겠다고 하고는 후회를 했다.

좁아서다. 작은 욕실과 키친, 화장실 그리고 이층 다락이 있었지만 방은 서너 평 되어 보이니 윤동주 시에서 보던 바로 그 육첩방이다.

바꾸고 싶었으나 다음 달 다시 교토에 도착하여 공부는 이미 시작되었고 그럴 시간도 마음의 여유도 없었다.

서울 집에 흔한 숟가락 그릇 칼 가위 수건 연필 자 스카치테잎 등을 다 놔두고서, 책과 노트북, 옷가지 몇 점, 두툼한 요만 맞춰 가지고 오니, 당장 하나같이 다 필요한 것들이어서 가져올 생각 못한 것을 후회했다. 말은 장기로 공부 간다고 해놓고선 며칠 여행할 때처럼 간 것이다.

며칠이면 되겠지 생각했는데 웬걸, 사면 뭐가 필요하고 사면 또 뭐가 필요하고 족히 두어 달이 걸렸다. 주위 유학생에게 그 말을 하니 자기는 여섯 달 넘어 걸렸다고 한다.

그런데 그런 것보다 첨부터 눈에 띄어 사들인 건 화초였다. 갑갑했기 때문이다. 방 한 면인 큰 창으로 조망이 트였으면 좋을 텐데 몇 미터 앞에 낮은 건물이 가로막고 있었다. 숨을 쉬려니 화분부터 사고 또 사고 열 몇 개를 사들여 창밖 땅바닥에 색 맞추어 죽 늘어놓았다. 미국에 살던 것과는 달라도 많이 달랐다. 돕는 학생이 아니, 밥솥부터 사셔야지 아깝게 꽃은 왜 자꾸 사느냐고 보챘다.

밤에 집에 오면 창부터 와락 열고 화초에 물을 주었다. 꽃잎과 가냘픈 입파리가 한들한들 반겨 주었다. 졸업 후 귀국할 때 살림 거의를 후배에게 주고 왔는데, 나에게 화안한 미소를 주고 위안을 주었던 예쁜 그 꽃 화분들을 가져오지 못한 게 제일 아까웠다.

아 이 만년의 공부가 간단한 게 아니로구나를 깨우치는 데는 그리 많은 시간이 걸리지 않았다. 일본서 공부를 하려면 기본이 일어인데, 깊지 않은 일어로 한 해 20 과목을 따라간다는 건 정말 어려운 일이었다.

2011년 일본에 큰 쓰나미가 나고 한·일 양국에서 나온 두 시집으로 일본에서 일어로 스피치 할 기회가 꽤 있었다. 돌아보니 일본을 공부한 적이 없었다. 양심에 걸려 미국서 대학원 나온 지 40년이 되어가지만 이 기회에 일본을 공부하면? 하는 생각을 했다. 이것저것 신청하는데 1년이 걸렸다. 정치판이 선거에만 열중하지 그 후의 국가 경영에는 전혀 준비가 안 되어 있다 라는 말이 돌 듯, 서울에서 일상의 일을 하면서 대학 신청하는데 집중했지 합격 후 하게 될 공부에 대한 준비가 제대로 없었다.

되돌릴 수 없는 나의 무모한 결심을, 그래서 학업을 빨리 마쳐 보려고 하니 종일 학교 종일 공부였다. 도서관 문을 닫아서 주섬주섬 백팩을 챙기어 메고 나오면 밤 10시가 넘었다.

일본에서 하는 스피치와 강의와 교류도 잘 할 수 있고, 학과 과목도 따라가 이수도 할 수 있길 바랬었다. 실전에 들어가니 졸업을 하려면 둘 중 하나만 택하여 성공한다 해도, 그것도 기적이라는 걸 알아차렸다. 한국에서 고별인사까지 하고 왔는데 중도 포기하지 않으려면 할 수 없이 전자의 대망은 포기하고, 수업만을 집중해 모든 시험과 과제를 패스하고 졸업하는 후자의 길을 택해야만 했다.

공부는 큰일이었으나 학생들은 많이 친절했고 교수들은 권위적인 게 없이 지나치게 친절하고 지나치게 겸손했다. 한국 미국 학교 때와 비교가 되었다. 학교 식당과 매점에서 마주하는 직원들은 학생들에게 수시로 고개를 깊이 숙이며 놀라울 정도로 겸허하게 대해 준다. 그들에겐 일상적인 흐름이겠으나 나는 매번 놀라 그들을 가만히 바라다보았다. 일상적인 그 흐름을 눈여겨 바라보는 이는 나뿐이었다.

도서관 앞에 창립자 니이지마 조新島 襄가 세운 벽돌 채플이 있고 바로 그 우편에 윤동주 정지용 시비가 있다. 수많은 나라에서 오랜 세월 교토로 유학 온 중 한국인 시비만, 그것도 두 개나 서 있다는 것이 놀랍고 신기하다.

윤동주 영화가 나오고 TV 등으로 그가 더 알려졌지만 27년 짧은 생애에 아무도 알아주지 않았을 뿐 아니라 엄청난 고통을 받았었다. 한글로 시를 써 독립운동을 선동한다고 대학 근처 경찰에 붙들려 갔고, 멀리 후쿠오카 감옥으로 옮겨져 해방을 바로 눈앞에 두고 숨졌다.

티끌 하나 없이 깨끗하고 아름다운 캠퍼스에 두 시비 앞만은 치어있질 않아서, 언젠가부터 나는 매일 시비 앞을 지나며 거길 닦고 시든 꽃 소주병 커피 캔 등을 버리고 치웠다. 그가 육첩방에서 고뇌하며 쓴 시도 다시 들여다보았다. 그의 당시 심정을 알고 싶어서였다.

지금은 일제시대도 아닌데 무슨 영광을 받으려 이 좁은 방에 노트와 자료를 펼쳐놓고 밟지 않으려 조심하며 밤을 새워야 하는가, 밤마다 나는 그 생각을 했다.

여러 해 전 어머니가 가시자 일본 정부 차원의 어머니 행사가 이틀간 교토에서 있었다. 그때 교토가 마치 전생의 고향 같이만 느껴졌다. 며칠 있을 때는 그랬다. 장기간으로, 그것도 어마어마한 과제와 양국의 삶을 동시에 해내려니 그들이 나에게 지극히 친절했지만 몸담은 그곳은 남의 나라, 이국異國이었다. 고국에 두고 온 일은 얽혀져 갔다. 멀어지는 인간관계, 향수가 밀려 왔다.

샤워를 하고는 바로 옆 가모가와鴨川로 가서 캄캄한 밤 그 강을 길게 걸었다. 윤동주가 스승으로 우러르던 정지용 시비에 새겨져 있는 시가 바로 그 '가모가와' 강이다. 이국 땅에서의 애달픔과 애절함, 설움과 그리움을 그린 시다.

윤동주 시비가 있다고 알려진 후, 한국에서 관광객이 오면 다른 명소들과 달리 입장권이 없는 그 대학으로 들어가 시비를 보고는 바로 옆 정지용 시비의 '가모가와鴨川' 시詩를 본다. 어머니가 나오고 오랑쥬 (오렌지의 프랑스어 발음) 껍질을 씹는 게 나오고 수박 냄새와 물바람, 사랑하는 이가 나오고, 아 가모가와 십리ㅅ벌~ 이 나온다.
사나흘 교토 방문으로는 이해할 수 없는 한국 시인의 마음이 거기에 새겨져 있는 것이다.

지금도 교토에 가면 데마치 동네의 3층 건물의 103호, 드나들던 문을 바라다본다. 책상과 바닥에서 늦도록 공부하고 글을 써 세계로 보내고, 꽃 위치를 바꾸고, 찰 현미에 검은 콩을 넣어 누르고, 방바닥에 깔아 놓은 식사를 대접하던 순간들, 서럽고 외로워 기도하던 순간이 떠오른다.

몸은 빠져나왔으나 지금도 살아 거기에 머물고 있을 기억과 그 아우라를 마주하며 가만히 그 시간들을 바라다본다.

### 쉽게 씌어진 시

윤동주

창밖에 밤비가 속살거려
육첩방은 남의 나라

시인이란 슬픈 천명인 줄 알면서도
한 줄 시를 적어 볼까

땀내와 사랑내 포근히 품긴
보내주신 학비 봉투를 받아
대학 노트를 끼고
늙은 교수의 강의를 들으러 간다

생각해 보면 어릴 때 동무를
하나둘 죄다 잃고
나는 무얼 바라
나는 다만 홀로 침전하는 것일까

인생은 살기 어렵다는데
시가 이렇게 쉽게 씌어지는 것은
부끄러운 일이다

육첩방은 남의 나라
창밖엔 밤비 속살거리는데

등불 밝혀 어둠을 조금 내몰고
시대처럼 올 아침을 기다리는 최후의 나

나는 나에게 작은 손을 내밀어
눈물과 위안을 잡는다
최초의 악수

동네 꽃집 앞으로는 가모가와 강이 길게 흐른다

# 내가 살던 동네 데마치出町

후타바 백 년 모치 떡집에는 늘 긴 줄이 선다

서울서 태어나 살았으니 정이 들었고 워싱톤 유학 가 살았던 것도 20년이어 정이 들었지만, 얼마 전 교토에서 공부하며 학교 근처에 살게 된 그 동네도 꽤나 정이 들었다.

졸업 후 교토를 가게 되면 아무리 좋은 명소를 돌아보고 짧은 시간임에도, 살던 동네에 가 보고 싶어지는 걸 보면 그걸 알 수 있다. 그렇게 버릇이 되었다.

첨에는 낯설었다.
대학에서 걸어 10 분 거리여 그 집을 잡았으나 좁았다. 한국보다 몇 배 넓은 땅의 나라에, 대신大臣(장관)이 18 평에 산다는 이야기 등 일본사람이 작은 공간에 산다는 것은 익히 들었었다. 그들의 겸허요 삶의 우선순위가 다른 면이겠다.

공부하러 왔다는 걸 늘 기억하며 한밤에 대학 도서관이 닫으면 집으로 돌아와, 벽 하나가 통창인 걸 와락 열고 땅바닥에 놓인 열 두어 개 화분의 꽃 색을 조화롭게 바꾸어 주는 것이 유일한 기쁨이었다. 사진을 찍어놓지 않아 아쉬우나 내 머리 속엔 지금도 그 사랑스러움이 있다.

그런데 그 위치에 살아서 좋은 것이 꽤 있었다.
우선 나오자마자 데마치出町商店街 전통시장이다. 신선하고 값이 싸 먼 곳에서도 찾아들 오는 곳이다. 시장 안에 큼직한 수퍼가 두 곳 있어 이곳은 이게 유리하고 저곳은 저게 좋고 싸고를 가늠하게 된다.

과제가 많아 귀한 시간, 대학 식당에서 주로 드나 어쩌다 저녁을 집에서 하게 되면 현미 밥솥을 누르고, 없는 게 없는 시장 안 수퍼에서 유바 두부 스시 사시미(회) 치즈 신선한 야채 과일들을 산다. 한국 나물도 만들어 팔고 있다.

그중 내가 제일 누린 것은 일본사람들이 고급으로 여기는 도미를 회 뜨고 남은 머리와 살을 붙여 꽤 되는 양이 450엔 정도 하는데, 무를 썰어 넣고 일본 된장을 조금 풀면 싱싱하고 정말 맛있는 도미 국이 된다. 그걸 끓여 친구나 학생들에게 대접하면 최고급 요리로 감격해 했다. 추억이 아까워 그 수퍼 멤버십을 아직도 지니고 있다.

그 안에는 한방이 있어 기력을 준다고 콘설팅을 하고 있고 서점도 있다. 우동 집이 있고 고등어를 숙성시켜 만든 사바스 시로 이름난 줄 서는 식당도 있다. 나는 일반 스시와 사시미는 좋아하나 시큼한 사바스시鯖壽司 만은 안 들게 되는데 그걸 유난히 좋아하는 한 지인은 내가 알려 준 그 집을 가기 위해 서울서 교토로 가기도 한다.

시장길 끝을 나오면 길가로 다시 상점이 이어지는데 그중

하나가 그 유명한 후타바ふたば 다. 교토 뿐 아니라 전국에서 와 줄을 서는 집으로 내가 살던 동네에서 제일 유명한 곳이다.

1899년 창업하여 교토를 대표하는 모치(떡) 점 데마치 후타바出町ふたば 는 창립자가 고향인 이시카 괌츠의 마메모치豆餅(콩떡)를 수도인 교토에 정착되길 바라며 시작한 게 명물 모치名代 豆餅로 여전히 명성을 떨치며 백 년 넘어 사랑을 받고 있다.

꺼먼 콩이 툭툭 박힌 게 만드는 걸 직접 눈으로 보는 것과 엄청나게 긴 줄을 보는 것이 맛을 더해 주는데, 집에서 겨우

몇 걸음 걷는 그 집에 나는 세 번 줄을 섰었다. 그것도 폭우가 몰아닥쳐 줄이 적을 때였다. 여러 겹 둘러선 걸 새치기 할 수도 없고 공부로 시간이 되질 않은 때였다. 그 줄을 보면 2호점 세울 만도 한데 그런 전통과 깊은 역사가 있는 곳에 그런 일은 아마 없을 것이다.

후타바 행길 건너에 있는 찻집도 줄을 선다. 단팥죽과 떡 등 몇 가지를 콘에 고물고물 담아 주는데 색과 모양도 좋지만 속의 소프트 아이스크림 맛이 유난히 좋아 마음이 달콤함을 원할 때면 받아들었다.

그 집을 지나면 바닥에 꽃들이 깔려 있어 들여다보며 늘 사고 싶어 했던 꽃집이 나오고, 거기서 눈을 들면 아 가모가와出町에 강이 보인다. 데마치出町에 살면서 마음으로 가장 의지한 곳이다. 향수에 외로움 원통함 공부의 벅참이 몰려올 때면 나는 그리로 달려갔었다.

수십 키로 이어지는 그 강은 폭은 좁지만 자연 자체로 푸근한 마음을 준다. 안도감을 준다. 교토에서 '가장 데이트하고 싶은 곳'으로 꼽히는데 연인이나 아가와 함께 하는 젊은 가족이 보이고 노년이 보인다. 봄이면 양쪽 오래 묵은 벚나무들에 꽃이 연이어 피어나고 가녀린 버들잎이 보기 좋게 늘어지며 철 따라 풍광이 변하는 그 강을 따라 걸으면 상쾌하고 마음이 한결 가벼워진다.

볼 곳이 많아서인가 가모가와에 관광객은 보이지 않는다. 도시 속 강은 좋은 것이다. 집에서 길을 건너 강으로 가서 저편으로 동양화처럼 여러 산이 겹쳐 보이는 평화로움을 보며 걸으면, 다음 날 서울의 소송 건으로 하루를 가야만 하는데 가고 싶지 않던 날도 있었다. 오리 강 압천鴨川 이름답게 예쁜 오리들이 노닐고 하늘에선 반지르르 윤기 나는 까마귀와 솔개가 유유히 세상을 날고 있었다.

강가엔 BonBon이라고, 스프와 프렌치토스트 등 간단한 음식과 차가 있어 학교가 시작되던 초기엔 방과 후 프렌치

가모가와 강가 바로 앞의 BonBon

토스트를 들며 공부하기도 했다. 영화를 찍어 명성이 있다는데 활짝 열린 창으로는 하늘과 강, 그 넘어로는 8월 15일 오봉이면 불을 붙치던 큰 大자가 새겨진 산이 보인다.

아침을 급히 들고 백팩을 메고 등교하는 길 10여 분, 왼편으론 교토 천왕이 천 년을 살던 고쇼御所의 긴 담장이 보이고 내가 걷는 우편으론 전구 등 자잘한 걸 사면 사춘기 딸아이 이야기를 하던 여주인의 철물점과 하루에 한 개씩 고급진 앙빵(단팥빵)을 사오던 베이커리가 나온다.

조금 더 가면 머리를 잘라주던 명랑한 청년의 미용실이다. 서울에선 한 달에 한 번이, 교토에선 두 달에 한 번 들리던 곳이다.

그리고는 동지사 여자대학 붉은 벽돌 건물이 연이어 나오고 그리로 들어가 잰 걸음으로 좀 더 걸으면 동지사대의 유서 깊은 정문이 나온다. 150년 전 일본이 존경하는 니이지마 조新島襄가 세웠고, 흠모하는 윤동주 정지용 우리 시인의 시비가 서 있는데 그들이 1940년 대 드나들던 대문을 들어서면 정신이 번쩍 나며 자세가 곧추 세워진다.

그 시비 가까이 나의 첫 수업이 있는 코후칸弘風館 교실의 건물로 달려가면 거목이 많은 아름다운 그 캠퍼스엔 유난히도 밝은 햇살이 쏟아져 내렸다. 그렇게 가슴 뭉클한 매일이 시작되었다.

귀국 후에도 교토에 가게 되면 살던 데마치出町로 가서 아오모리 사과를 파는 여주인과 직접 만든 디저트가 예쁘고 맛나던 찻집 주인, 수제 키츠네 우동을 자주 먹던 우동 집 주인 부자父子, 선글래스 가게 주인 등 동네 사람들과 반가이 인사를 나눈다.

인생이 여정이라면 나의 여정 한 부분에 만났던 정겨운 사람들로 따뜻한 마음도 받았지만, 한국을 가본 적도 없고 강코쿠韓國라면 김정은부터 떠올리는 이들로, 그들에겐 내가 한국이기에 크게 생각하면 한·일 교류가 되는 셈이다.

그들 하나하나의 마음과 표정이 나에게 일본의 인상이었다면 나는 그들에게 한국의 인상이요 거울이 되었을지도 모를 일이다.

# '네네노미치ねねの道' 사람들

오래된 동네 기온祇園이 상점이 길게 늘어서 있는 교토의 대표적 관광지라면, 거기서 멀지 않은 히가시야마東山는 품위 있고 고급진 분위기를 자아내는 동네다.

거기에 역사의 냄새가 잘 배인 길 하나가 있는데 그것이 바로 네네의 길, 네네노미치'ねねの道'다. 거기엔 언제나 세계에서 온 사람들로 북적인다.

매력적인 길이지만 세계인이 몰리는 이유는 무엇보다 거기에 큰 터를 차지하는 도요토미 히데요시豊臣秀吉의 집인 고다이지高台寺가 있기 때문이다.

우리에겐 침략의 이미지이지만 일본 최초로 천하통일을 한 도요토미 히데요시豊臣秀吉가 죽자 부인이 그를 위해 기도하기 위해 지은 집이 고다이지高台寺 다. 여성이 그런 커다란 스케일로 건축한 것이 처음이어 '세계 최초의 여성 건축가'라고도 불리는데 바로 그 앞길이 그의 이름을 따서 '네네의 길ねねの道'이 된 것이다.

내가 그 길을 처음 알게 된 것은 거기 있는 료칸旅館 리키야에 머물고서부터다. 동지사 대학까지 가게 될 건 상상도 못한 때에 교토에 며칠 가게 되면 그곳에 머물었던 게 10년이 넘는다.

네네노미치 선상에 있는 리키야의 열린 문을 들어가면 집 안 첫 방에 오까미女將おかみ (료칸 여주인) 할머니가 앉아 있었다. 일본의 료칸이 호텔보다 비싼 것은 아침 저녁

식사가 풍성히 나오고 이불을 펴고 개어주고 방에서 차를 대접하는 등 개인 서비스가 대단하기 때문이다.

열 개 방의 리키야는 하던 그 서비스를 멈추고 깨끗한 다다미방만 제공하여 비싸지 않았다. 아주 좋은 위치에 방마다 정원이 내다보이는 거에 비하면 착한 가격이었다. 그것도 내게는 더 잘 해주었는데, 자주 가기도 했지만 한창 겨울연가冬のソナタ가 일본서 인기를 끌 때에 여주인이 얼마나 욘사마에 반했는지를 말했는데 그 때문이 아닌가 싶다. 후에는 그게 이병헌으로 바뀌기도 했다. 한류가 시작할 무렵이어서 나로선 기분 좋은 일이었다. 그러던 게 그 후엔 중동인들에게 비싸게 받고도 방이 없어 대학 가까이로 옮기게 되었으나 그 오까미와 직원들과는 정이 꽤 들었다.

2011년 일본 대재난이 났을 때는 쓰나미 피해지역에서 멀고도 먼 교토에도 일 년 넘어 관광객이 오질 않아 택시가 그 길에 길게 서 있었고 료칸 손님은 나 뿐이었다. NHK 아사히 산케이 신문에 나의 시와 기사가 나고는 독자들이 다른 시도 보여 달라는 문의가 신문사로 쇄도한다고 해 여러분들과 협력하여 일어로 시집을 2 권 낸 때였다.

하루는 저녁에 리키야에 돌아오니 편지가 놓여 있는데 나의 책을 읽고는 누가 만나고 싶다고 쓰여 있었다. 네네노미치에는 상점이 몇 되지 않는데 가 보니 교토에 관한 책들이 진열되어 있었다. 교양 있어 보이는 그 여주인은 나의 시집에 감격했다며 고다이지高台寺 이사로 봉사하는데 기회가 되면 고다이지에서 강연을 해줍사고 했다. 고다이지와 엔도쿠잉 네네의 집, 미술관의 입장권도 쥐어주었다.

한 번은 곧 귀국이어 공항으로 가야 하는데 핸드백에 지갑이 보이질 않았다. 그 옆 레스토랑에서 점심을 했고 한 군데 상점을 들린 생각에 뛰어가 보았으나 보이지 않아 낭패였다. 서점 주인 무라카미村上씨에게 그 말을 하고는 서울로 왔는데 며칠 후 그녀에게서 소포로 그 지갑이 왔다.

일본 가기 50년, 여러 해 전 동경에서도 경험이 있지만 교토에서도 그렇게 찾게 되니 일부가 아니라 거의 모든 국민이 정직해야 그럴 수 있는 거 아닌가 하는 생각을 한다. 무라카미씨에게 따로 부탁한 것도 아니었는데 스스로 신고하고 파출소 가서 찾아오고 서울로 보내준 그 지극정성에 놀라지 않을 수가 없다.

이름 있는 라쿠쇼洛匠 찻집도 거기에 있다. 네네의 길에 벚나무 가로수를 죽 심는 등, 대를 이어 마을을 위해 좋은 일을 하여 창립자 할아버지 비석도 거기에 세워져 있지만 그 집 연못의 팔뚝 4배는 되어 보이는 비단잉어錦鯉にしきごい가 펄떡이는 걸 보러 시간만 나면 그리로 갔다. 정말 귀티가 나 보여 비단잉어 중에서도 왕족으로 보인다.

여주인은 나만 보면 한국에서 작가가 왔다고 주위에 알리며 그 집의 명물인 와라비 떡과 차를 대접하며 반긴다.

고다이지 건너편은 엔도쿠잉圓德院, 네네가 살던 집인데 커다란 스케일의 고다이지에 비해 겸손하나 사랑스런 곳이다. 그 주변 터에는 엔도쿠잉이 세를 준 상점이 몇 있다. 녹차로 만든 녹빛 메밀국수와 녹차 아이스크림이 맛난 집이 있고, 기념품 집 주인도 늘 반겨주나, 붓과 메모지 시키시敷紙 (시와 그림을 그리는 단단한 서판화)가 있는 한 평도 안돼 보이는 상점도 자주 들려 문방구를 산다. 그는 돌로 된 도장에 이름을 근사하게 새기며 한문에 유식하다. 서울서 가져간 김과 김치를 주면 반가워한다.

그 길엔 인력거들이 서 있어 고도古都의 흥취를 더해 주고 있다. 타는 것도 좋으나 남이 타는 걸 바라보는 것도 로맨틱하고 흥미롭다. 인력거 인은 좁은 골목의 제일 오래된 빙수집과 저명 화가의 집 등, 수백 년 된 곳의 스토리를 들려준다. 그렇게 낯익힌 인력거 인과도 곧잘 인사를 나눈다.

그 길이 끝나는 곳에는 더 소도The Sodoh 레스토랑이 있다. 이탈리언 식으로 일본 근대 유명 화가의 운치 있는 2천여 평 집이다. 정원도 분위기도 맛도 특별하여 누구나 좋아하는 곳이다. 예약한 사람만 들여보내 주는, 큰 대문 앞의 예약 장부를 든 두 사람과도 교토 갈 때마다 서로 인사를 나눈다.

그렇게 교토를 가면 히가시야마東山의 네네노미치ねねの道 사람들을 만나고 대화하고 있다. 4백 년 전 고다이지高台寺를 짓고 엔도쿠잉圓德院에 살던 네네ねね의 실물은 보지 못 하지만 후손인 그들을 만나고 교류하고 있는 셈이다.

오래전 처음 동경에 가서는 부모님의 동창과 지인을 알게 되었다면 이제는 나의 동창들, 대학 스승과 관계자들, 주일에 다니던 채플 교인들, 살던 동네 사람들과 네네노미치 사람들, 교토 시장市長까지 교류가 많이 늘어났다.
일어로 가는 '이승신의 시로 쓰는 컬쳐에세이'로 현해탄 넘어 안부를 전하고도 있다.

개인으로 보는 것이지만 그들에게는 내가 한국이요, 내게는 그들 하나하나의 마음과 자세와 생각이 일본이다. 매스 콤으로 대하는 차원과 전혀 다른 것만은 확실하다.

네네노미치ねねの道의 엔도쿠잉 입구

# 다시 동지사同志社

올해는 잊고만 싶은 해입니다.
연초 사고로 힘겨운 입원을 했고 고생을 많이 했습니다.
절망했고 많은 눈물도 흘렸습니다.

그런 와중 5월에는 6년을 다닌 여학교에서 '이화를 빛낸 상'을 받았고 11월 말에는 '이대 문학상'을 받기도 했습니다. 여중 고에 3천 명이었으니 우리 기가 5백여 명이었을 테고 고교의 마지막 상이라고 했습니다. 이화여대 문학상도 심한 경쟁이었다고 합니다. 다닌 것만도 감사인데 상상치도 못한 상이 오다니 '하늘의 위로'인가 하는 생각을 해 봅니다.

지금은 다시 동지사대입니다.
졸업한 지 벌써 몇 해가 되어 가는데 학교 캠퍼스에 다시 서니 어제인 듯 그 장면이 영화처럼 제 앞을 흐릅니다.

올봄 모교 여학교에 섰을 때도 아스라했고 늦가을 대학에 섰을 때도 아스라한 기억이었습니다. 그러나 최근 몸담았던 이 동지사 대학은 생생한 기억이 아직 몸에 있어 많은 것이 새롭고 친근하기만 합니다.

시인 어머니 Project로 일본에서 강연과 스피치들이 있었고 저의 일어 시집들이 나오고는 할 일이 더 많아졌는데 생각해 보니 일본을 공부한 적이 없었습니다. 그래서 그런 마음과 의욕만을 가지고 서울서 가까운 교토 동지사대를 오게 되었는데 들어가기도 쉬운 게 아니었으나 20과목 공부의 통과는 어마한 산이었습니다.

가깝기도 하고 그간 오던 곳이어 비교적 가벼운 마음으로 왔는데, 일어 현대문학 고전문학 저널리즘 토론 등을 어떻게 쓰고 내고 앞에 나가 발표하고 토론하고 시험 치루고 강연하고~ 를 통과했는지 다시 이 캠퍼스에 서니 그저 한바탕 꿈을 꾼 것만 같습니다. 운 좋아 구경도 하고 공부도 좀 한 줄로 생각하는 사람도 있겠으나 그 기간엔 도통 구경 다닐 그런 시간 여유가 없었습니다.

150여 년간 수많은 나라에서 이리 유학을 왔을만 한데 졸업생 중, 윤동주 정지용, 대한민국 시인의 시비만이 캠퍼스 한가운데 서 있는 것이 신기합니다. 3만여 학생이 그것을 늘 지나치면서도 그게 무언지 누구인지 잘 모르나, 어찌 됐든 우리의 대표 시인 두 선배 시비가 작으나 좋은 자리에 서 있고 저는 그것을 닦고 정리하기도 했지만 힘들 때, 그 앞 벤치에 앉아 숭고한 그 정신을 되새기며 앞선 선배 두 분에게 마음으로 의지하기도 했습니다.

윤동주(좌) 정지용의 낮은 시비 - 교토 동지사 대학

그들 못지않게 누리고 감사해 한 분이 또 있으니 이 학교의 창립자인 니이지마 조新島讓 입니다. 한국인 두 시비 바로 옆에 서 있는 채플 앞에 다시 서 봅니다.

학교 다닐 때 그랬던 버릇대로 바로 서서 세월의 더께가 얹힌 붉은 벽돌과 그 위로 하늘을 바라보며 기도를 합니다. 채플의 배경은 언제나 국경 없는 새파란 하늘입니다.

일찍이 니이지마 조가 세운 채플은 일본 전국에서 가장 오래된 예배당입니다. 많은 문인들 유명한 작품에 아름다운 그 채플의 스테인드글라스 창문 이야기가 나옵니다.
채플은 하루에 30분만 열리는데 동지사 졸업생에게만 그

곳에서 결혼식을 할 수 있는 특권을 줍니다. 평시에는 기도하는 학생 숫자가 적은데 살짝 보니 오늘은 눈부시게 성장한 결혼식 관객들이 3백 석을 꽉 채우고 있습니다.

막부시대, 니이지마 조 (1843~1890)는 배 타고 미국 동부로 가서 앰어스트 대학과 앤도버 신학대를 졸업하게 됩니다. 아시아 최초의 미국 학사입니다. 선교사가 되어 근처 Rutland에서 '일본에 이런 크리스천 대학을 세우고 싶다'는 연설로 모금한 후 (동지사 대학 토지를 사는 게 5백 불이었는데 그 연설로 5천 불을 모음) 실제로 교토에 학교를 세워 수많은 '양심良心'의 인물을 키우게 됩니다.
그 신념과 정신을 이 학교에서 만난 게 정말로 기쁨입니다. 동지사에 오지 않았다면 모를 것이기 때문입니다.

한국에 윤동주 시비가 여기 세워져 있다는 소문이 나갔는가 많은 분이 한국에서 그 시비를 보러 찾아옵니다.
이번에도 대한민국 대표 시인의 시비 앞에서 한국의 이름난 문인 그룹 등 몇 팀에게 그것이 세워진 배경 스토리와 그 시 정신을 이야기해 주었습니다.

그러나 그들은 이 캠퍼스에 귀한 중요문화재가 5동이나 있다는 것에, 창립자가 누구이며 왜 크리스천 대학을 교토에 세웠고 그의 부인 '야에'가 어떤 인물인가에는 관심이 없이 오로지 시인 윤동주에만 관심을 표합니다.
일본 학생들이 캠퍼스 중심에 있는 한국 선배 두 시비에 대해 무관심한 것도 속상하나, 이 캠퍼스에 발을 들여놓는 사람이 일본이 존경하는 니이지마 조에 무심한 것도 이상하기만 하여 저는 그에 대한 이야기도 해줍니다. 그만큼 시대를 한참 앞서간 그의 신념이 감동이기 때문입니다.

11월 1일이면 켜지는 동지사대 크리스마스 추리

일본에 큰 영향을 끼친 그의 발자취를 순례하는 사람들은 일본 국내의 혹카이도로부터 규슈까지는 물론, 2백 년 넘는 역사의 미국 앰어스트 대학으로도 가고, 미국 대학 다닐 때에 일본 정부요인들과 함께 유럽 선진국의 정치 외교 경제 법률 제도와 교육과 문화를 배운 흔적을 보러 간다는 이야기를 덧붙여 말해줍니다. 그러면서 우리에게도 그런 선각자 선구자들이 나왔으면 하는 마음을 가져봅니다.

한 과목 한 과목의 공부와 외국어 습득도 중요하지만 바닥에 깔린 초석의 그런 정신의 커다란 그림이야말로 우리가 진짜 습득해야 하는 것이라는 걸 학교를 떠나고서야 깨닫게 됩니다.

동지사대 창립자 니이지마 조의 친필 시비를 찍다 2018

# 배운다는 것은

교토 동지사대학同志社大學의 수업 - 2016

코로나 바이러스가 덮치어 세상이 혼란해지고 바뀐 게 한두 가지가 아니지만 온라인 강의가 길어지며 교육이란 무엇인가를 새삼 생각해 보게 된다.

무엇보다 코로나 창궐 이전에 교육받았다는 사실이 참으로 감사하다. 일생에 지대한 영향을 주는 어려서부터의 교육은 습득하는 지식과 그 콘텐츠 내용이 다가 아니기에.

멈춰서 뒤를 돌아본다. 할머니 손에 이끌리어 들어갔던 덕

수 초등학교와 여중 고, 대학 그리고 연이은 미국 유학을.

요즘 아가들 서너 살에 배우는 한글 영어를 일곱 살에 들어가 한글을 깨쳤고 구구단도 배웠겠으나 배운 지식은 어슴푸레하고, 머리를 다정히 쓰다듬어 주시던 2학년 때 여선생님, 집을 방문하셨던 부드러운 인상의 5학년 남선생님 그리고 절도 있고 단정하시던 6학년 담임 선생님 얼굴이 떠오른다.

여중 고에 가서는 영어를 처음 배우고 학과목이 열 몇 개로 늘어나 분명 많은 지식을 쌓았겠으나 딱히 기억이 나질 않고 각반을 돌며 내 그림을 들고 칭찬해주시던 중 1 담임 미술 선생님, 국어와 지리 선생님의 예쁜 모습, 말투 표정 억양, 첫 수업 들어오자마자 시든 꽃을 치우시던 영문법 선생님의 손놀림, 얼굴이 약간 기울어져 생긴 6시 5분 전 같은 별명, 졸라서 들은 6. 25 전쟁 참전 이야기, '초원의 빛' 등 영화 이야기, 노천극장의 3천 명 채플이 또렷이 생각난다.

대학은 또 어떤가.
영문학을 꼭 전공해야지 하는 절실함보다는 당시 컷 라인에 따른 선생님 권유의 영향도 있는 듯한데 공부 내용이 있었겠지만, 4 키로 넘는 영문학 앤솔로지Anthology 책이 무거워 한쪽 어깨가 기울어지도록 4년을 매일 들고 다닌 것과 높 낮은 너른 캠퍼스를 책 들고 입구로부터 제일 먼 뒷문 쪽 문리대 건물로 걸어갔던 기억이 또렸하다.

두툼한 앤솔로지 한 부분을 자기 차례가 오면 읽고 번역하던 생각이 나나 졸업 때까지 그 책을 다 보진 못 했고 5월의 빛나는 하루, 교실 밖 언덕진 잔디에 앉아 그 교수님이 사준 아이스크림을 맛나게 먹은 생각, 월 수 금 점심시간에 대강당 예배에 출석 체크하던 것, 매해 연극 연기하기, 대학 캘린더 모델하기, 일선 장병들에게 가서 기타로 노래하기, 5월의 May Day 축제 등이 선명히 떠오른다.
지금도 모교를 들리면 햇빛 쏟아지던 그 잔디에 앉아본다.

그리고는 다음 순서처럼 간 워싱톤 유학, 너무나 자유롭고 확 바뀐 환경임에도 곧 적응하고 이상을 높이며 순조롭게 자라난 듯하나, 익숙한 가족과 환경에 멀리 떨어져 허전하고 외로웠던 기억들이 주마등처럼 지난다.
그러고 보니 배우고 공부한 내용보다는 스승 한 분 한 분의 자세와 분위기, 교내 분위기들이 떠오르고 있다.

분위기가 떠오르는 것은 일본 유학도 마찬가지다.
최근의 기억이어 그렇기도 하지만 나에게 선생님 하면 떠오르는 스테레오 타입이 있는데 그것을 깼기 때문에 기억에 많이 남는 건지 모른다.

일본도 외국이고 익숙하지 않은 외국어로 가르치고 공부하나 얼굴과 겉모습은 우리와 같다. 그러나 학생을 대하는 태도와 마음 자세가 기대 이상 달랐다. 지나칠 정도의 친절함 상냥함 세심함 꼼꼼함 겸손함은 나를 매일 놀라게 했다.

20여 년 학교 다닌 틀이 내 안에 있었기 때문이다.

교토 동지사 대학 수업에서 배운 내용들도 영화장면처럼 머리를 스치나, 벌써 구체적인 기억은 일일이 나지 않는다. 그러나 그들의 학생을 향한 자세 겸허함 미소지음 나긋나긋한 음성, 그 철저한 인상은 지금도 가슴 깊이 새겨져 있다. 첫 수업과 마지막 수업에서 학생들을 향해 90도로 한참을 깊이 절하던 연세 높은 도오야마 카즈코遠山 和子 선생님과 몇몇 분의 마음과 자세를 잊을 수 없다.

도오야마 카즈코遠山 和子선생 - 2016

배운다는 것은 과연 무엇일까. 그런 존경스러움을 배우며 인성을 키워 스스로를 발전시켜 나가는 건 아닐까. 그래서 지금 세계의 언택트untact로 얼굴 대하지 않고 하는 온라인 강의가 아쉽고 걱정이 된다.

수업에서 배우는 것은 그래서 인생에 길이 남는 것은 꼭 그 내용과 형식만이 아니요, 내가 돌아보듯 스승과 대면 contact 해야 느껴지고 새겨지는 것이기에 지금의 현상이나 이후 포스트 코로나의 수업이 몹시 우려되는 것이다.

당연히 생각했던 나의 모든 수업이 '애정의 눈길'을 주신 선생님들과 함께 했던 것임을 지금만큼 깨우치고 감사할 수가 없고, 나의 제자들과 눈 맞추며 contact 했던 대학원 수업도 코로나 창궐 전이어서 감사할 뿐이다.

단국대학원 제자들과 - 2019 6 20

# 다시 윤동주

오늘은 시인 윤동주의 기일입니다.

1945년 해방이 되던 불과 몇 달 전인 2월 16일이니 27세요, 그토록 애타게 그리던 해방을 못 보고 갔으니 안타깝기만 합니다.

얼마 전 제가 몸 두었던 교토 동지사 대학에서는 매해 이 날에 모임을 가지어서 꼭 오라는 소식을 받았지만 못 가고

2월 13일에 그가 다녔던 연세대학 모임을 갔습니다.

차가운 날씨, 연대의 너른 캠퍼스 좋은 자리에 시비가 동지사 것보다 높이 서 있고 그 비석 앞에 국화꽃 한 송이를 놓으며 절을 했습니다. 바로 그 뒤로는 윤동주가 머물던 기숙사 건물이 있는데 그의 기념관을 만들기 위해 속을 다 털어놓은 곳에서 추모식을 치루고는 연세대 백주년 기념홀에서 기념식을 가졌습니다.

인사말들이 있고 시낭독과 문학상을 주는 자리였습니다.
홍정선 교수의 '윤동주 강연'이 인상적이었습니다.
한 중 일 3국에서 다루는 윤동주의 모습이 다른 것이

특히 인상적입니다.

일본에 대한 저항을 강조하는 한국과, 가해자로서의 죄책감을 가지고 있는 일본, 윤동주에 대한 소유권을 강력히 내세우는 중국의 모습, 거기에는 미묘한 감정적 정치적 요소가 들어 있으며 그것이 객관성을 위협하거나 넘어서는 차이를 만들어 내고 있습니다.

중국에서는 중국 조선족 문학이라고 주장하는데 당시에는 조선족이라는 개념 자체가 아직 없었고 그의 시 '별 헤는 밤'을 보면 '패경옥이라는 이국 소녀의 이름과~'라고 쓴 것에 보이듯 그는 자신을 조선인(한국인)으로 생각하며 살았습니다. 그리고 일본 당국이 윤동주에게 '불령선인'이라는 레테르를 붙인 것에서 알 수 있듯, 중국인이어서가 아니라 조선인이었기에 체포되었던 것입니다.

여기서 제가 관심 있는 부분은 중국은 윤동주를 강한 반일 의식이 있는 인물, 일본의 파시즘 체제에 강하게 맞섰던 사람으로 서술하며 윤동주의 서정적이고 내면적인 시에 적극적인 저항성을 부여하여 사회주의 국가의 모습을 보이는데, 그것도 '윤동주와 한국문학'을 쓴 일본 작가 '오오무라 마스오大村益夫'가 1985년 시인의 묘를 발견하기 전까지는 윤동주를 중국인들은 전혀 모르고 있었던 것입니다.

반면 일본에서는 1950년대가 되어서야 윤동주가 소개되기

시작합니다. 1984년 이부키 고伊吹鄕가 시집을 완역해 낸 후부터입니다. 그것이 일본에 관심의 계기를 마련했고 이어 대중적 인기를 자랑하는 '이바라기 노리코茨木のり子'가 1986년 '한글에로의 여행'이란 에세이집에 '윤동주'라는 글을 실음으로 윤동주에 대한 관심을 이끌어냈고 일본 교과서에 그의 시가 수록되기도 했습니다.

그것은 중국인들과는 전혀 다른 방식이었습니다. 윤동주라는 '인간의 모습'을 섬세하고 날카롭게 포착하는 모습입니다. 이부키 고의 번역집이 나올 무렵 오오무라 마스오도 윤동주에 지대한 관심과 애정으로 만주에까지 가서 그의 묘소를 애써 찾아냈고, 다녔던 교회와 학교의 분위기를 보고는 읽은 책의 종류와 내용도 밝혀냅니다.

이처럼 일본에서 윤동주에 관심을 가지는 방식은 한국이나 중국과는 많이 다릅니다. 다양한 개인적 관심으로 개인과 개인들이 동경 교토 오사카 나고야 후쿠오카 등에서 소모임을 가지고 있고 세미나와 기념식을 열거나 시비를 세우는 일을 하고 있습니다.

여기에 현대에 와서 제가 아는 또 하나의 윤동주 연구자를 열거합니다.

타고 기치로多胡吉郎 작가입니다. 그는 런던에서 NHK 특파원으로 있다가 윤동주의 '서시'를 보고 몰두하게 되고 그 영향으로 좋은 직장도 포기하고 작가의 길을 걷게 됩니다.

10여 년에 걸쳐 NHK에 윤동주 다큐를 제작하자고 끈질기게 설득하여 만들어 냈고 시인이 한 학기를 다닌 동지사대학에 그 다큐를 보이며 윤동주 시비를 세워야 한다고 설득해 만들어 냈고(1995) 발견된 윤동주 마지막 사진으로 시인이 친구들과 서 있었던 자리인 우지에 또 하나의 시비를 2017년에 세우게 됩니다. 시인의 탄생 백주년인 그 해에는 윤동주 자서전을 내기도 합니다.

나의 동지사대 재학시 찍은 교토의 윤동주 하숙 터 앞 시비

교토 조형예술대학 총장도 윤동주를 사랑하여 시인이 하숙했던 집을 사서 대학에 포함시키고는 그 앞에 시비를 세우고 올해 기일에도 기념식을 가졌습니다.

그러고 보면 속된 말로 '윤동주는 참 운이 좋고 재수가 지독히도 좋다'고 할 수 있겠습니다.
그러나 그가 사랑한 조국에서보다 훨씬 먼저 일본의 작가 시인과 독자가 알아본 것도 대단한 일이나 그러기까지 위에 언급한 시인 작가 등 아무도 만나보지 못했고 눈에 보이지 않으나, 그의 시 행간에 영안靈眼으로나 보이는 시인의 순결함 순수함의 내면이 얼마나 깊었으면 요절한 후에라도 그런 일련의 사건들이 일어나고야 마는 것일까, 생각에 잠기게 됩니다.

인생은 짧고 예술은 과연 긴 것일까요.


참 회 록
           윤동주


파란 녹이 낀 구리 거울 속에 내 얼굴이 남아 있는 것은
어느 왕조의 유물이기에 이다지도 욕될까

나는 나의 참회의 글을 한 줄에 줄이자

이십사 년 일개월을 무슨 기쁨을 바라 살아왔던가
내일이나 모레나 그 어느 즐거운 날에
나는 또 한 줄의 참회록을 써야 한다
그때 그 젊은 나이에 왜 그런 부끄러운 고백을 했던가

밤이면 밤마다 나의 거울을
손바닥으로 발바닥으로 닦아보자

그러면 어느 운석隕石 밑으로 홀로
걸어가는 슬픈 사람의 뒷모양이 거울 속에 나타나온다

우지市 아마가세 다리에서 찍은 윤동주의 마지막 사진

文學의 나라

# 헤이세이平成를 마감하며

일본의 헤이세이平成 시대가 2019년 마감되었다.

국내 보도만 주로 보다가 간, 최근의 동경 교토는 새 왕 새 시대 맞이로 엄청 들떠 있었다. 그간의 큰 뉴스였던 얼마 남지 않은 동경 올림픽 이슈는 저리로 갔다.

은퇴하기 직전 헤이세이平成 시대의 아키히토明仁 천왕은 간소한 잠바를 걸치고 황후와 팔을 끼고는 잘 걸어 나오지 않던 황궁 밖으로 걸어 나와 200 미터를 걷곤 했다. 지나던 사람들이 환호를 했다. 국민이 최고로 지지하고 우러르는 걸 새삼 느낄 수 있다.

1933년생이니 12살에 종전 (우리에게는 해방)을 맞은 그는 그때의 기억이 강하게 입력된 듯 기회 있을 때마다 그런 비참한 전쟁이 다시는 없어야 하며 평화만이 있어야 한다는 말을 누누히 했다.

68세 생일 인터뷰에서 '간무 천왕의 어머니가 백제 무령왕의 자손이라고 속일본기에 쓰여 있는데 대해 한국과의 인연을 느끼게 된다'고 말한 것은 한국에 가기를 원하는 마음이라고들 해석했다. 실제 1998년 한국에 올 것을 기획했으나 몇몇 사정으로 이루어지지는 않았다.

1992년 일본 천왕으로는 처음으로 중국에를 갔다. 난경 학살사건 등이 있었음에도 중국 국민들이 열렬히 환영해 주었고 정상과의 만찬에서는 '나는 어려서 중국의 문학을 읽었다. 지나간 날 처참한 전쟁이 있었던 것에 슬픈 마음을 가지며 깊이 반성하고 앞으로는 평화만이 있기를 간절히 바란다'고 했다. 우리와의 특별한 인연을 깊이 느끼고 있는 그가 한국엘 왔다면 할 말들이었다.

종전 60년 후인 2005년에는 사이판에서 위령비와 바다를 향하여 전사한 이들을 위해 묵념한 그는 예정에 없던 한국인 위령비 앞으로 다가가 헌화하고 한참이나 고개 숙여 참배하여 보좌관들을 놀라게 하기도 했다.

1995년 엄청난 고베 한신 대지진과 2011년 3월의 동일본 대재난과, 지난 해 서일본 수해에도 천왕으로는 처음으로 무릎을 꿇고 위로하는 겸허한 자세로, 여전히 그를 신神으로 생각하는 국민에게 깊은 감화를 주었다.

천왕은 하나의 상징적 존재이지만 일본에서 늘 느끼는 것은 국민 가슴 깊숙이에 그가 새겨져 있다는 것이다.

많은 사람이 안 좋아진 작금의 한일관계를 걱정하고 있다. 생각하면 2012년 MB가 독도에서 일왕이 사죄해야 한다는 언급에서부터 한일관계가 내리막이 되었다. 그들은 나에게 말한다. '나를 욕하는 건 참을 수 있다. 그러나 내 아버지를 왈가왈부하는 건 용서하기 어렵다'고. 약자에게 진실된 마음을 주고 일관된 평화의 메시지를 줄곧 주어 온 그는 일본 국민 모두의 깊은 존경을 받고 있다.

얼마 전에도 우리 국회의장이 비슷한 말을 했다. 그럴 때마다 그들이 마음의 문을 닫아버리는데 지리적으로 이사 가지도 못 하고 영원한 이웃으로 살아야 하는 우리가 그렇게 나가는 건 지혜로운 게 아니라는 생각이다. 천왕이어 존경받는 것도 있겠지만 31년 간 그의 행동을 지켜본 국민이 친부모 이상으로 가슴에 받아들이고 있기 때문이다.

이번에 동경에서 TV를 보고 놀란 것이 있다.
천왕은 정치에 관여하지 않기 위해 정치와 무관한 것을 공부하는데 그가 작은 어류漁類에 대해 연구한 것을 국제회의 무대에서 영어로 발표하고 그리고는 서양학자들이 그것에 대해 질문하자 어류 전문가로서 또박또박 영어로 답하는 것이었다.

천왕은 인정받는 단가短歌 시인歌人이기도 하다.

몇 해 전 국제 PEN 클럽 회장인 존 사울John Saul을 경복궁 청계천 등으로 안내하며 하루 함께 한 적이 있는데, 그의 말에 의하면 세계에서 시를 짓고 독서하는 왕은 일본 천왕뿐이라고 했다. '아니 영국 여왕이 스피치를 그리 많이 하는데 책을 안 보다니요?' 하니 자신이 영국 여왕을 수십 번 만나 잘 알고 있는 데 그 가족은 전혀 책을 읽지 않으며 다른 나라 왕족들도 마찬가지라고 했다.

'레이와' 새 연호를 지은 나카니시 스스무中西 進 선생과 함께 몇 해 전 서울 '손호연 시인의 집'에서 기자 인터뷰를 받은 적이 있다. 첫 질문이 '천왕은 무엇을 하는 사람입니까?' 였다. 일본인 입장에서는 젊은 기자의 당돌한 질문이었지만 그는 주저 없이 즉답을 했다. '천왕을 한마디로 표현하자면 그는 단가短歌를 짓는 사람입니다' 라고.

그 순간 1300여 년 전 백제가 전쟁에 지고는 왕족 귀족들이 일본으로 옮겨 가 한반도에서 짓던 시를 거기서 지었고 그렇게 대대로 천 년 넘어 발전시켜 온 것이니 천왕 스스로 생일에 말했듯 한반도 후손이 맞겠구나 하는 생각을 했다.

일생 한국에서 시를 지은 어머니가 1998년 1월 천왕에게 초청받아 궁에 간 것도 천왕과 황후와 왕세자의 그간 지은 단가가 낭독되니 대가로 그걸 들어 주십시오~ 하는 배청인의 자격이었다. 그때 나도 함께 궁에 들어가 대기실에서 종일 기다렸던 때는 뭐가 뭔지를 도시 모르며 간 상태였다. 그러나 기다리는 그 작은 체험이라도 있었기에 몰라도 너무 모른다는 걸 깨닫고는 한참 후 고대 시집인 만엽집萬葉集을 일본 대학에서 공부하게 된 것인지도 모른다.

일본은 2019년 5월, 하나의 큰 시대가 바뀌는 역사적 전환기로 죽음을 맞으면서 바뀌는 게 아니어서 온 나라가 그야말로 축제 분위기다.

조상의 뿌리인 한반도를 늘 염두에 두고 나름 계속 공을 들여온 아키히토明仁 같은 천왕은 앞으로도 없을 것만 같아 그런 면에서는 우리에게 아쉬움이 있다.

그러함에도 천 년 넘어 깊은 인연의 이웃 나라가 새 시대를 여는 것에 축하해 주어야 하고 그것이 우리와 좋은 관계로 나아가는 계기가 되었으면 하는 마음 가득하다.

사이판 한국인 위령비에 한참 고개 숙인 천왕을
생각하며 작별을 고하네

# 문학의 나라

2019년 3월 29일 동경에 도착하자마자 받은 질문은 '요즘 일본에서 가장 큰 화제가 무엇인지 아느냐'였다.
평화헌법 개정? 위안부 문제와 강제징용 보상 등으로 인한 혐한? 2021 동경올림픽?

'다 아니다. 새 천왕의 새 연호다'
아 서울에 있는 사이 살피지 않아서인가 잘 몰랐다.
일본 국민의 대단한 관심을 모으며 20년을 연구했다는 그 연호는 4월 1일이 되자 '레이와令和'로 발표되었다.
그러자 신문 호외가 나오고 일본 사회를 온통 들뜨게 했다.

한국 중국 대만도 오래 전 왕의 연호를 써왔으나 어느 순간 멈춰졌고 지금은 오로지 일본만 쓰고 있다. 그러고 보면 우리가 6세기에 전해준 불교와 그 사찰들, 문화예술의 많은 부문에 왕 연호에까지, 일본은 전통 어느 거 하나, 오랜 세월 버리지 않는 나라로 보인다.

일본 현대의 쇼와昭和와 헤이세이平成 시대를 넘어 새 천왕의 시대가 되니 4월 30일 태어난 아기는 헤이세이平成 31년생, 5월 1일에 태어나면 레이와令和 원년 생이 된다. 지난 모든 연호年號는 중국 고전에서 따왔는데 248번째인 이번은 처음으로 일본 최초의 시문학집인 만엽집萬葉集의 서문에서 따왔다는 게 여간 큰 화제가 아니다.

만엽집이란 28권으로 된 시집으로 대부분이 31음절 단가 短歌인 일본의 최고最古 문학이라고 하나 그러나 나는 안다. 일본을 대표하는 지성이요 이번에 새 연호를 고안한 만엽집 연구의 제 1인자인 나카니시 스스무中西進 선생에게 직접 들은 것이기 때문이다.

4516수의 시가 실린 일본 고대 최초 시 전집인 만엽집萬葉集은 거의가 짧은 시인데 그 기원은 한반도 백제라고 했다. 시인 손호연孫戶姸의 스승인 그는 한국에서 온 어머니를 1980년 동경의 대학에서 처음 만나자 '단가의 뿌리는 한반도 백제百濟이니 부여 백마강을 보고 오시면 더 좋은 단가가 나올 것'이라고 말해 주었다.

'오오토모노 다비토大伴旅人'로 추정되는 가인歌人이 (그의 아들 오오토모노 야카모치大伴家持는 만엽집 28권 전체를 편찬한 인물로 그 부자父子는 백제인이요 도래인渡來人) 매화梅花'라는 단가를 32 수 지으며 그 앞에 나오는 서문 일부에서 좋다는 의미의 령슈과 평화를 뜻하는 화和를 따 붙여 레이와슈和가 된 것이다.

일생 한국에서 단가短歌 시를 지은 어머니는 일본 근현대 만엽집에 외국인으로서는 유일하게 6 25 동란을 지은 단가 다섯 수가 실려 있고, 얼마 전 교토 도시샤 대학同志社大學을 나온 나는 현대문학인지 알고 멋도 모르고 택한 과목이 우연히 만엽집萬葉集이 들어있는 고대 문학이어 어려운 과목을 통과하느라 일 년 내내 곤욕을 치루기도 했다.

어려서부터 고대 단가를 외우는 일본인들인데 새 연호가 발표됨으로 새삼 서점에 만엽집이 동이 나고 300여 권 저서로 '나카니시中西 만요학'이라는 어휘까지 있는 그의 책을 구하려 많은 이들이 대기 중에 있다.

새 천왕의 연호가 만엽집에서 나왔다면 그 시의 뿌리인 우리나라와도 특별한 인연이어 껄끄러워진 관계가 그런 인연으로 좋아지고 한·일이 함께 조화롭고 평화롭게 동아시아와 온 세계를 이끌어가기 바라는 마음이다.

문학을 사랑하는 국민, 독서율 1위로 뽑히기도 한 일본이 '문학의 나라'임을 세계에 그렇게 표방하여 격을 더 올리고 있는 이즈음 글과 시를 무척 사랑한 우리의 선조를 생각하게 된다.

레이와令和 연호를 고안한
나카니시 스스무中西 進 선생

# 왕족의 시 문학

NHK TV와 CNN을 보게 된다.

우리 뉴스를 보며 뉴스가 New가 아니고 같은 것이 계속 나오는 느낌이 들면 외국 방송채널로 돌리게 되는 것이다. 한국의 혼란한 뉴스가, 그러나 세계방송에도 즉각 세세히 나오는 세상이 되어 버렸다.

일본은 새 천왕 시대의 연호로 한바탕 요동한데 이어 연이은 즉위 행사들과 다가올 두 번째 올림픽으로 출전 선수들을 매일매일 방송으로 자세히 소개하고 있고 다시 뽑힌 오사카 만국박람회도 알리고 있다.

레이와令和를 고안한 나카니시 스스무中西進 선생이 TV 인터뷰에서 '즉위식에서 새 천왕이 단단히 각오를 하는 엄중한 모습과 황후의 원숙한 모습이 인상적이다. 내내 비가 오다가 천왕이 선언하는 순간 햇살이 비치니 앞으로 밝은 미래가 있을 것'이라고 했다.

그런 무드로 새 천왕의 지난날을 알 수 있는 다큐를 보이는데, 물을 연구하는 황태자가 유엔에서 '물과 재난'을 테마로 연설하는 게 나온다. 천왕 가족 중 UN 스피치로는 처음이라는데 원고를 보고 읽었고 영국에서 유학했다는 그의 영어 발음은 보통 일본인이 하는 일본식 발음이었다.

내 눈을 끄는 건 새로 왕후가 된 마사코雅子였다.
외교관 아버지를 따라 해외에 살았고 하버드대를 나왔으며 초년 외교관 시절의 처녀 적 모습이 매력이었다. 자유로이 커리어를 하기 원하여 7년간 청혼을 거절하는 그에게 반한 황태자가 '왕족 수준의 외교를 할 수 있지 않겠는가?'라고 하여 1993년 맺어졌는데 여러 해 우울증에다 아들이 없어 시달리기도 했다.

미치코智子 왕후도 그 어머니 왕후에게 40년 시달렸다는 이야기를 들은 적이 있어 궁에 들어가면 그러하니 그 안의 삶이 견디기 쉬운 건 아닌 듯하다.

그 다큐에는 기다리던 아가를 나은 후 지은 마사코雅子 왕후의 단가 시 한 줄이 나온다.

헤이세이平成 12년인 2002년 궁중 단가 모임인 우다카이 하지메歌會始め 에서 황태자비로서 지은 시다.

生(あ)れいでしみどり兒いのちかがやきて
君と迎ふる春すがすがし

갓 태어난 아가의 생명은 빛나고
그대와 맞이하는 봄은 싱그러워

The life of the newborn child shines beautifully
the spring I greet with my husband is so fresh

단가短歌는 백제가 멸하고 왕족과 귀족 학자 지성인들이 일본으로 건너가 그 시를 지었고, 간무 천왕 어머니가 백제 왕족이라고 상왕上皇이 직접 밝힌 적이 있으며 소문에는 일본 천왕 가족이 쓰는 한국어도 있다고 하는데, 단가 짓기는 일본 천왕과 왕족에게 있어 천 년 넘어 내려오는 아주 중요한 전통이다.

나카니시 스스무 선생이 서울서 가진 인터뷰에서 '천왕을 한마디로 하자면 단가를 짓는 사람'이라고 한 생각이 새삼 떠오르며 국제 PEN 클럽 회장이 세계 왕족 중 책 읽고 시를 쓰는 왕족은 일본이 유일하다고 한 생각도 난다.

매해 1월, 궁의 우타카이하지메歌會始めの儀 에서 천왕과 왕후 황태자 황태자비 등 왕족이 지난 일 년간 지은 단가 시가 읊어지는 1998년 행사에 어머니와 함께 궁에 들어갔었는데, 그 해 천왕과 왕족 그리고 일반 국민이 지은 단가의 테마는 '길道みち'이었다.

아키히토 상황明仁上皇 부부의 결혼 50주년 기념 단가집을 언젠가 동경 긴자銀座에서 산 적이 있는데, 그들의 일생 외유 사진이 많이 들어간 두터운 가집家集이었다. 책 사이즈가 너무 크고 무거워 망설이다 샀는데 귀국하여 읽어 보니 기대 이상 훌륭한 시였다.

특히 미치코智子 왕후의 영어 번역 시와 산문은 우수해 교과서에도 들어있다고 한다. 마사코 새 왕후도 왕족이 되고는 미치코 왕후의 내공을 따르려 노력하고 있는 듯하다.

나루히토德仁 천왕은 딸만 하나 있는데 그 딸 아이코愛子와 함께 즐겨 찾는 황실 별장御用邸이 토치키현 나스那須에 있어 선대 왕 때부터 자주 가고 있으며 천왕과 그를 닮은 아이코는 산 오르는 걸 좋아하여 그 정상에 오르는

모습이 다큐멘터리에 보이기도 한다.

아들이 천왕을 잇게 되는 법이라지만, 70 몇 프로의 일본 국민이 여왕이 오르는 걸 찬성하고 있다. 어린 조카가 잇기로 되어 있으나 가쿠슈잉學習園을 나와 동경대東京大를 다니는 영리한 아이코愛子를 마음에 두는 듯도 하다.

이 시각 천왕 부부의 축하 카퍼레이드, 슈쿠가옹레츠노기祝賀御列の儀가 천왕 궁에서 아카사카 궁까지 30분간 펼쳐지고 있는 걸 NHK에 보이는데, 전날 축하공연에서는 감사 인사를 하던 천왕 곁의 왕후 마사코가 흐르는 눈물을 손으로 닦기도 했다.

연도의 국민이 폭발적 환호를 보내고 있다. 계속되는 즉위 행사에 국민 마음이 하나로 모아지고 있었다.

예술에 능한 그가 2004년 동경의 일본 민예관의 한일우호 특별기념콘서트에서 정명훈의 피아노와 함께 비올라 연주로 4중주를 했던 장면이 떠오른다. 기회가 된다면 그런 연주를 한국에서도 하고 싶다고도 했다.

나루히토德仁 새 천왕 부부는 50대로 아직 젊다.
그들을 보며 머지않은 날, 한국에 호감 많은 아버지 상왕이 그렇게 오고 싶었어도 못 이룬 꿈을 가깝고도 먼 현해탄을 건너와 양 민족의 마음이 가까워지는 계기가 되기를 그리하여 양국의 관계가 좋아지기를 빌어 본다.

那須の野を親子三人で歩みつつ 吾子に敎ふる秋の花の名

나스의 들판을 셋이 걸으며
내 아이에게 가르치는 가을꽃 이름

As we, parents and child wander through the field of Nasu
I teach my child the name of the autumn flowers

2017년 헤이세이平成 29년의 궁중 단가 모임
우다카이하지메歌會始め에서 읊은 현 왕후 마사코雅子의 단가

# 동해 바다

사진 - 조선일보

아침 조간의 이 청년들 사진을 보자 정신이 번쩍 났다.
내용을 보니 더 정신이 났다.
일본의 교토국제고교는 한국계 학교라고 했다.

교토의 동지사 대학 다니는 동안은 생각보다 택해야 할 과목들이 벅차서 가고 싶던 명소도 못 가고 거의 교실들과 도서관, 집만을 왔다 갔다 했기에 대학도 아니고 중고교에 관심을 두거나 가 본 적은 없다.

동경과 오사카의 한국 학교는 알고 있었지만 교토에 한국계 학교가 있는 줄도 몰랐다. 그것도 내가 자주 가던 히가시야마東山 인데.

1947년 교토 조선 중학으로 시작한 그 학교는 학생 수가 70명 아래로 줄어들자 아이디어를 내어 1999년에 야구를 특화해서 학교를 살리려 했고 첫 5회를 거듭 졌었다.
그러던 게 2021년에는 8회나 계속 이겨 일본 야구 꿈의 무대요 종교인 '고시엔甲子園' 본선에 진출한 것이 신문 TV로 큰 화제가 되고 있다.

운영난으로 사실상 '한일 연합학교'로 전환했고 매해 한국과 일본 문부성의 지원을 받고 있는데 일본의 지원이 더 많고 지금은 일본 국적의 학생이 훨씬 많다. 남학생은 야구가 하고 싶어서 여학생은 K팝이 좋아서 오는 게 대부분이라고 한다.

국제고교답게 한국어 일본어 영어를 중심으로 가르치는데 한국 관련 교육이 가장 크고 수학여행도 한국으로, 개별 체험 연수도 해마다 4, 5회 한국으로 보내며, 조선에서 갔던 조선 통신사의 역사를 가르치고 미래지향적으로 양국 학생을 가르친다니 마음이 훈훈해진다.

어려서 배우는 것은 스폰지 같이 입력되기 마련인데 비록 일본 국적으로 바뀌었지만 학교의 뿌리와 선조의 역사를 기본으로 배운다니 흐뭇하지 않을 수 없다.

그런데 내 마음을 더 짜릿하게 하는 게 있다. 학교에서 늘 부르는 교가를 이번 고시엔甲子園 본선 무대에서도 부른다고 한다. 출전학교 교가를 경기 중 일본 전국에 생방송으로 내보내는데 그것이 한국어 교가라는 것이다.

'동해 바다 건너서 야마토大和 땅은 거룩한 우리 조상 옛적 꿈자리~'로 시작된다. 4절에 '힘차게 일어나라 대한의 자손'이라는 구절도 있다. 야구부 단원들과 응원단이 이 노래를 고시엔甲子園에서 부르게 된다.

일본 사회 일각에서는 이 학교 교가에 '동해東海'가 들어간 걸 문제 삼기도 하여 그걸 '동쪽의 바다'라고 번역한 일어 교가 자막이 NHK 등으로 나가게 된다고 한다.
그러나 이 학교 야구 선수들은 '그런 거에 신경 쓰지 않고 '한국어 교가'를 당당하게 부르겠다'고 한다.

바로 곁의 이웃 나라가 왜 같은 바다를 놓고 그렇게까지 신경 쓰는 처지가 되었을까.

그런 걸 따지자면 한두 가지가 아니다. '뒤돌아보지 말고 미래지향적으로만 나아가자'는 것도 맞지만 억압받은 쪽에서는 그런 게 슬며시 올라오는 것도 이해는 된다.

어머니 가신 기일마다 문학으로 낭송과 스피치, 그 작품을 미술, 그림과 조각으로 그리고 음악으로 작곡하여 초연 공연과 무용 등 멀티 문화 행사를 세계적으로 여러 해 해왔다. 그럴 때마다 계실 때 하였다면 얼마나 좋았을까, 후회가 되지만 현실이 그러하다.

그렇게 몇 해 전 한국 일본 프랑스를 가서 수준급 화가들에게 번역된 4 언어의 시를 보이며 이 중에 마음에 와 닿는 시가 있으면 그걸 그림으로 도기나 조각으로 표현해 달라고 하여 시인의 시를 작곡한 초연 음악회와 함께 전시회를 '시인의 집'에서 한 적이 있다.

그때 동경 긴자에서 만난 화가 오카노 코지岡野浩二가 고른 시가 '동해東海'였다. 그 시의 영감으로 유화 4 작품을 그린 것이다. 그게 제일 가슴에 와 닿았다고 했다.

좀 의아했다. 시를 몇 언어로 번역하면서 짧게 압축하여 한 줄에 넣은 그 마음에 공감했지만 '동해' 시는 가슴을 징 하는 어머니의 다른 시들에 비해 평범해 보였기 때문이다.

가시고 한참 후에야 깨달았다. 같은 바다를 다르게 불러야 하는 심정을. 성숙해지며 이해도가 넓어졌을 수도 있지만 그 일본 화가는 왜 많은 시 중에 그걸 골랐을까, 그것도 4 작품이나 그릴 정도로 감격했을까를 가끔 생각했었다.

그에게는 일생을 일본해로 안 바다였는데, 그 바다 넘어 한국 시인의 시로 서로 다른 이름으로 부르게 된 걸 처음 알았고 그 애타함에 공감했을 것이다.

그걸 계기로 일제 시대의 한국을 살았고 해방된 한국을 살아간 어머니와 그 시대 분들의 심정이, 하나의 같은 바다가 왜 달리 불려야 하는 기구한 운명이 되었을까 하는 의문과 애타함의 깊이가 이해되었다.

'동해' 시인을 만난 적 없으나 가슴으로 느낀 일본 화가가 해석한, 인간의 실존과 국경을 초월한 푸른 바다의 그림을 떠올려 본다. 마음과 마음을 잇는 평화다.

다음에 교토에 가게 되면 국제고교를 꼭 가 보고 싶다. 기회가 되면 바다를 사이에 둔 한·일 예술가들의 마음을 장한 그 청소년들에게도 전해주고 싶다.

다 같은 바다, 나라에 따라 이름이 다르네
여기서는 동해 저기선 일본해

동해東海 그림

# 니이지마 조 묘 앞에 서면

동지사 대학 창립자인 니이지마 조新島 襄의 기일은 1월 23일인데 대학 창립일인 11월 29일에도 그를 기리려 성묘를 한다.

그 날은 재학생은 물론 많은 졸업생들이 교토 동지사대로 모인다. 창립을 기념하는 여러 행사들이 있고 그의 묘소가 있는 산을 학생들과 그를 흠모하는 이들이 오른다.

동지사 대학에 그를 가르쳐주는 과목은 없지만 100년도 넘어 전 그가 세운 채플이나 건물들을 바라보면서 알고 싶어졌고, 동지사 대학에 가지 않았다면 몰랐을 그를 알게 된 것에 진정 감사하고 있다.

니이지마 조新島 襄는 막부시대 항거한 이유로 비자를 받을 수가 없었는데 미국 선장이 도와주어 태평양을 건너 1875년 미국에 도착하게 된다. 그렇게 미동부의 명문인 앰어스트 칼리지와 신학대학을 여러 도움으로 나온 그는 졸업 후 선교사 회의에서 일본에 크리스천 스쿨을 세우고 싶으니 도와달라는 연설로 호소하게 된다.

'철학의 길'의 끝 '니이지마 야에·조의 묘' 오르는 길목

감동한 회중들의 도움으로 세계적인 불교 도시 교토에 크리스천 학교를 세우게 된다. 당시 많은 기부를 받은 중에 회당 밖에 섰던 한 농부가 차비 2불을 기증한 것에 그가 감격하고 귀히 여겼다는 기록을 보고 나도 감동을 했다.

그렇게 동지사를 세우고 붉은 벽돌의 채플과 해리스 이화학관理化學館 창영관彰榮館 클라크 기념관 등으로 대학 캠퍼스에 일본 중요문화재가 5동이나 된다.

한매관寒梅館이란 이름은 특히 창립자 니이지마 조를 떠올리게 하는데 '엄동설한 겨울을 견디어 피어나는 첫 봄꽃 매화처럼, 진리도 혹독한 과정을 통해 그처럼 피어나라'는 뜻의 그의 시 한 줄이 채플 앞 시비에 친필로 새겨져 있어 늦은 공부가 어렵기만 하던 때에 그 의미를 가슴에 새기며 힘을 얻기도 했다.

일본뿐 아니라 아시아인으로 첫 미국 학사를 따기도 했지만 1889년 미국 앰어스트Amherst 대학의 첫 명예박사를

교육의 길, 한 번 놓치면 만회하기란 결코 쉽지 않다

받았고 1950년 일본 우표에 오른 입지전적 인물이다. 교육에 헌신한 교육가로서의 존경만이 아니라 전국적으로 존경을 받고 있다. 동지사대에서 만난 몇 분이 생전의 그의 자취를 따라 걷는 전국 순례 길과 해외 순례를 다녀왔다기에 속 깊이 존경하는 모습을 느낄 수 있었다.

채플 바로 곁, 해리스 기념관 전시의 그의 글과 말을 보며 그가 십대에 새긴 비전과 발상에 놀라고, 미국 앰어스트 Amherst 대학에는 제일 중요한 자리에 니이지마 조의 초상화가 걸려 있다는 이야기를 듣고 그걸 확인하러 매사추세츠의 그 대학에 다시 가 보기도 했다.

전에 거기에 갔을 때는 대통령, 노벨상 수상자를 낸 대학이 유명한 인문학 대학답게 '가 보지 않은 길 The Road Not Taken'의 시인 로버트 Robert Frost 동상만이 캠퍼스에 세워져 있다는 글을 쓰기도 했다. 나는 정말 그 사실에 감동했었다. 그때만 해도 니이지마 조 이름도 초상화가 그 대학 채플에 걸려 있다는 것도 전혀 몰랐었다.

과연 그랬다. 교토 동지사대 채플에서 기도할 때에 늘 앞 우편에서 나를 바라다보던 초상화와는 약간 다르나 무게감 있는 초상화가 앰어스트대 채플 우편 벽에 그의 시 한 줄과 함께 돋보이게 걸려 있다. 이미 간 한 인물의 정신으로 동양과 서양이 교통하고 있는 것이다.

채플 양 옆과 뒤로 20여 개 초상화도 보이는데 그게 걸리는 기준은 동창들과 세상에 얼마나 커다란 영향력을 끼치는가 라고 했다. 그분들의 헌신과 기여의 일생을 생각하며 바른 자세로 옷깃을 여몄다.

인문학으로 시작한 역사 깊은 앰어스트Amherst 대학은 지금은 여러 과가 있지만 도서관 입구부터 문학회와 시모임 알림이 붙어 있었다. 인문학 중시의 교육이다.

150여 년 전 일본 학생 한 사람의 인연으로 지금은 거기에 일본 교수들이 있고 일본 외무성과 기업에서 그리로 연수를 오고 있다. 이치무라 간조內村鑑三 유명한 일본 신학자 초상도 도서관 좋은 자리에 걸려 있었다. 자연히 그 대학과 학생들이 일본에 대한 관심이 커지기 마련이다.

창립일이어서 창립한 니이지마 조를 기리는 11월 말은 교토의 성숙한 단풍 시즌이어 기억하기도 쉽다. 동지사 대학에 발을 들여놓아 그의 스피릿을 만났고 그 불굴의 신앙과 사랑의 정신은 좋은 멘토가 되어주었다. 그래서 그 날이 되면 교토로 가 '철학의 길' 끄트머리에서 가파른 산 중턱을 올라가 그 묘 앞에 서곤 한다.

막부에 총부리를 들어 일본의 '잔 다르크'라 불리는 부인 '야에八重'의 묘도 가까이에 있다. 2013년 NHK 대하 드라마 '야에의 사쿠라八重の櫻'로 큰 화제가 된 인물이다.

그 무렵이면 거기엔 빨갛고 하얀 동백꽃이 예쁘게 피어난다. 남다른 발상과 용기로 나라와 세상을 바꾼 그 묘 앞에 서면, 그 정신을 150년 전 200년 전 이야기로만 지나칠 것이 아니라 이제부터 누구라도 그런 자세를 지닌다면 앞으로도 100년 200년 300년의 세월과 그 결과는 반드시 오리라는 생각이 든다.

'제군이여, 사람 한 사람을 소중히 하라' - 니이지마 조

이름 없는 제 3국에서 온 학생 하나를 구하기 위해 니이지마 조가 다른 것들을 희생한 이야기, 윤동주가 드나들던 옛 도서관과 有終館 앞 현판에 매주 바뀌는 붓으로 쓰인 그의 글귀들에 가슴이 뭉클해지던 생각이 난다.

니이지마 조新島 襄가 짓고 살던 고택 벽에 걸린 그가 존경한 조선 말기의 크리스천이요 성서번역가로 조선인으로는 일본에서 처음 세례를 받은 이수정李樹廷이 써주었다는 큼직한 서예 족자도 떠오른다.

'제군이여 사람 한 사람을 귀히 여기라'

'교육의 길
한 번 놓치면 그걸 만회하기란 결코 쉽지않다'

'말씀 안에 생명 있으니 생명은 사람의 빛이라
빛이 어두움에서 빛나나니'

동지사대 교수들과 － 교토 니이지마 조의 묘

# Amherst의 '가지 않은 길'

미국 매사추세츠Massachusetts의 앰어스트 칼리지 Amhesrt College를 가면 기분이 좋다.

미국의 최고 인문학 대학으로 시작하여 과학 예술 등 많은 분야가 있는데 교정의 키 큰 나무들 사이로 걸어가면 거기에 시인의 커다란 동상이 바위에 앉아 있다. '가지 않은 길'을 지은 로버트 프러스트 Robert Frost 다.

2백 년 넘는 역사에 수많은 졸업생을 배출한 중, 어떠한 권세가나 전쟁영웅이 아닌, 시인의 동상 하나만이 캠퍼스에 서 있다는 것에 십여 년 전 크게 감동한 적이 있다. '가지 않은 길'로 세계인의 가슴을 촉촉히 적시고 삶을 깊이 생각하게 해주었던 미국의 국민 시인 Robert Frost는 그 대학에서 영문학을 가르쳤다.

시간이 많이 흐른 후 교토 동지사 대학에 가서야 그 학교 창립자인 '니이지마 조新島 襄'를 알게 되었는데 그가 미국 학사를 받은 곳이 바로 그 앰어스트 칼리지라는 것도 알게 되었다. 동지사 대학을 설립한 '니이지마 조'라는 인물을 만나지 않았더라면 나에게 그 대학은 시인 로버트 프러스트의 인상 만으로만 남았을 것이다.

유엔 행사에서 스피치를 하게 되어 뉴욕에 머물게 되었고 다음 일정은 남쪽으로 4시간, 오래 살던 워싱톤이었는데 그 틈새를 비집고 뉴욕에서 북으로 4시간 매사추세츠로 가기 위해 책으로 무거운 트렁크를 끌고 기차에 몸을 실었다. 니이지마 조가 미국에 가게 된 경위와 공부 그리고 졸업 무렵 그의 연설에 감동한 교인들이 도와주어 동지사同志社를 세우게 된 역사가 그만큼 강렬했기 때문이다.

더구나 그 대학에는 니이지마 조의 초상화가 걸려 있다지 않은가. 일본에서 그의 순례 길을 따라서들 걷는데 태평양 건너 그 대학이 가장 먼 길일 것이다.

기차 차창으로 강물과 가을 단풍의 들판이 펼쳐진다. 미국에서 살다가 함께 귀국한 후, 어린 나의 아들을 필립스 아카데미 앤도버와 보스톤 칼리지를 보내놓고 서울에서 뉴욕으로 날아가 보스톤 행으로 자주 타던 그 기차다

어느 한 가을 서울 난지도에서 코스모스를 함께 바라보았던 김성혁 목사님 부부가 역에서 나를 맞아준다. 앰어스트 대학 근처 또 하나의 대학인 스미스 칼리지Smith College의 상담 목회자인 그는 니이지마 조를 잘 알고 있었고 나의 '왜 교토인가1' 책에 필요한 앰어스트 대학의 니이지마 조 초상화와 그 아래 있는 시 한 줄을 사진 찍어 보내주기도 했었다.

미국 동부 전통적 캠퍼스 타운인 Amherst에는 Smith College 같은 역사 깊은 유명 대학이 5 개나 있다.

대학 교정에 들어서니 눈에 익은 정경이 펼쳐지고 저 멀리 시인 로버트 프러스트의 동상이 보인다. 다가가 큰 동상을 어루만지니 바닥에 묻힌 돌판 글이 눈에 들어온다.

Reach the eye, the ear and what we may call the heart and mind~

채플로 들어간다. 거기에는 그 대학 출신 인물들의 초상화들이 죽 걸려 있다. 200 몇 년 역사의 출중한 중 출중한 인물들일 것이다.

다가가니 듣던 대로 우측 앞 제일 두드러지게 보이는 지점에 자랑스런 졸업생으로 교토에서 보내온 커다란 초상화에 그가 그려져 있다. 영靈으로 만나는 감격의 순간이다.

교토 동지사 대학의 총장에게서 들었다. 그 초상화들은 정규적으로 위치를 바꾸는데 니이지마 조 초상화의 위치만이 눈에 띄는 그 앞자리에 고대로 있다고.

긴 역사의 수많은 졸업생들 중, 돋보이는 자리에 변함없이 있다는 것은 그가 대학 졸업 후로부터 지금까지 이 세상에 크나큰 임팩트를 끼쳤다는 뜻이다.

동지사대를 다니며 나는 그걸 직접 보았다. 150년간 수 많은 양심의 인재를 배출하여 일본의 오늘에 이르기에 밑거름이 되었고 지금도 3만여 명 학생들이 미래를 위해 준비하고 있다는 것을. 그 근원 바탕이 이곳 미동부 앰어스트 칼리지에서 움튼 것이라 할 수 있다.

도서관으로 가니 입구에 'Poetry Club' 포스터가 보이는데 안으로 깊숙이 들어가니 말로만 듣던 일본의 기독교 선구자, 우치무라 간조內村鑑三 (1861~1930)의 초상화가 웹스터 영어 사전을 만든 웹스터 초상화 옆에 걸려 있다. 일찍이 1887년에 앰어스트 대학을 나오고는 일본에 기독교 선교를 앞장서 펼친 인물이다. 한국에도 '로마서 연구' 등 그의 훌륭한 저서들로 잘 알려져 있고 영향을 끼쳤다.

일본의 존경받는 인물들이 다녔고 그것도 니이지마 조는 일본 최초의 미국대학 졸업생이어서 일본 외무성과 기업들은 많은 사람을 이곳에 연수하러 보내고 있고 일본인 교수들도 있다. 절제된 모습의 그들이 미국사람들과 그 사회에 좋은 영향을 주어 미국 중심에서도 북쪽으로 꽤 먼 곳 임에도 그곳 사람들은 일본을 잘 알고 있고 좋아한다는 얘기를 듣는다.

그런 공감의 교류는 재력 하나만으로 되는 것은 아니다. 그러한 생각과 의식이 있고 긴 역사를 내려오면서 꾸준히 그런 발상이 있었기에 가능한 일이다. 우리도 그러한 발상으로 꾸준한 외교를 하고 개개인 하나하나가 앞서가는 구상을 할 수 있었으면, 하는 바램이 절로 든다.

'눈과 귀를 그리고 우리가 마음이라고 정신이라고 부르는 것으로 향하라'라고 쓴 로버트 프러스트의 동상과 '양심과 신앙의 인물'을 기르는 발상을 일찍이 가졌던 니이지마 조와 우치무라 간조의 초상화를 바라보면서 서양과 동양, 미국과 일본과 나의 조국을 다시 생각해 보게 된다.

## 가지 않은 길  The Road Not Taken

### Robert Lee Frost

그날 아침 두 길에는 똑같이 밟은 흔적이 없는

낙엽이 쌓여 있었습니다

아~ 나는 훗날을 위하여

한 길을 남겨 놓았습니다

하지만 길이란 계속 이어지는 것이기에

돌아올 수 없을 거라 의심하기도 했습니다

먼 훗날 나는 어디선가

한숨 쉬며 말하겠지요

숲 속에 두 갈래 길이 있었는데

사람이 덜 간 길을 택했노라고

그래서 모든 것이 달라졌노라고

# 가모가와의 봄

# 묘신지 꽃구경 妙心寺花見

벌써 5월이요 세계 어디에고 봄꽃이 졌겠지만 4월에 다시 바라본 교토의 벚꽃이 눈에 아른거려 그 꽃모습을 보인다. 이 어지러운 세상에 대체 철이 있느냐 해도 어쩔 수 없다.

그 희망에 위로받는 사람이 있을지도 모른다.

지난 십 년 넘어, 교토의 봄꽃을 보았고 그 이야기를 글로 영상으로 참 많이도 했다.

그 아름다움과 피워낸 수고에 놀라, 열 달을 품어 호된 진통 후 생명이 태어나듯, 겨우 한순간을 위하여 일년 내 고통 해 온 그걸 보아주지 않으면 안 된다며 의리라도 지키듯, 봄마다 1시간여 비행기를 탔었다. 그리고 그 꿈틀거리는 생명을 고요히 바라다보았다.

이번 봄에도 시라가와白川 작은 냇물을 끼고 단가 시비詩碑 위로 흘러내리는 정든 수양 벚꽃 시다레자쿠라, 넓고 넓은 고다이지高台寺에 절제된 단 한 그루의 수양벚꽃 시다레자쿠라, 엥코지圓光寺, 쇼렝잉 장군 묘와 철학의 길 등을 순례하듯 그 새 생명 하나하나를 찬찬히 살폈다.

다 개성이 있고 다시 보아도 넋 잃을 정도로 아름답다. 나에게 딱 하나만 꼽아 달라고 하는 사람들이 있다. 그건 보통 어려운 일이 아니지만 꽃 자체만으로는 Best 봄꽃으로 '묘신지妙心寺' 타이조잉退藏院 정원의 수십 미터 너비여서 사진 한 컷에 담을 수도 없는 진분홍 '수양벚꽃 베니시다레자쿠라'를 꼽을지 모른다. 정녕 숨기고만 싶었다.

단연 Queen이요 순결하고도 늠름하고 권위 있고 기품 있고도 순한 모습이다.

인연 있는 분들에게 보여주기도 했다. 누구이 기막히다고 미리 말해두었지만 그러함에도 매번 깜짝 놀라워들 한다.

묘신지妙心寺 타이조잉退藏院의 하얀 모래 가레산수이

말과 글로 표현할 길은 없다.

그냥 꽃이라고 부르기엔 뭔가 영험하고 절제 높은 미美의 누군가가 속에 들어있다. 그걸 만들어 낸 보이지 않는 손길도 피어나 준 생명체도 그저 대단하고 대견하기만 하다.

얼핏 일본은 손으로 만지는 인공미만 있는 듯 생각할 수도 있다. 그러나 자세히 아무리 들여다보아도 손을 댄 흔적은 보이지 않고 자연이 더 자연스럽게 돋보이도록 힘주고 격려해 준 극적인 아름다움 만이 있다.

봄날 벚꽃 여향원余香苑은 5월이면 철쭉으로 피어난다

묘신지妙心寺는 15세기에 지어진 5만평이 넘는 거대한 사찰이다. 누가 일본을 축소지향적이라고 했던가. 세계적인 규모가 많고도 많다. 이것만 해도 7개 큰 본당과 46개의 절로 구성된 하나의 커다란 마을이어 처음 봤을 땐 그 안에 이름 있다는 건축을 거의 훑어보았으나 걷기에 지쳐 그 후로 찾는 건 오로지 봄 가을의 타이조잉退藏院 작은 정원이다. 묘신지妙心寺의 엑끼스요 보기에도 아까워 숨죽여 가만가만 바라보게 되는 살아있는 생명체 보물이다.

타이조잉退藏院 작은 문을 들어서면 소담한 정원이 그야말로 매직처럼 나를 위해 싸악 펼쳐지고 좌편 마른 정원 가레산수이 양陽 정원의 하얀 마사토까지 늘어 내린 진분홍 사쿠라와 그 바로 우편, 같은 나무의 꽃이 늘어진 까만 마사토의 음陰 정원을 보고서, 또 다른 시다레자쿠라 큰 나무를 끼고 안으로 들어가면 물을 낀 여향원余香苑 편안한 정원이 나온다. 그 광경을 긴 호흡을 들이쉬며 바라보고 그리곤 그 옆, 다다미방 미닫이문을 쓱 밀고 들어가 공손히 따라주는 진한 그린 말차를 들며 그쪽 땅으로 내려오는 또 하나의 진분홍 봄꽃을 꿈인 듯 한동안 바라다본다.

누구 하나 소릴 내지 않는다. 감히 내질 못 하는 것이다.

예약을 해야 하지만 저녁에는 조명 아래 식사하며 새로 태어난 다른 모습의 봄꽃을 바라보는 특별 코스도 있다. 일 년에 한 번 있는 일로 전혀 다른 모습이다.

이 시기는 안타까운 게 피어나는 날짜도 해마다 다른데 꽃만개가 그야말로 순간이어서 몇 군데 보다 보면 꼭 봐줘야 할 다른 것이 져 내리고 있어 타이밍을 놓쳐 버린다. 하나같이 신의 대단한 작품이어 아쉽고도 아쉬운 일이다. 그러나 그러기에 더 귀하고 숭고하게 보이는 것인지 모른다.

겨울을 지나 봄이 오면 보는 느낌과 깨우침은 바라보는 이의 시각과 안목, 그 성숙도와 내공에 따라 달라질 것이다.

여린 상처
그 눈물을 별꽃으로 피워내었나

사쿠라 하나미花見
그 꽃구경

손짓하며 저가 바라보는
내 모습

# 헤이안진구平安神宮의 밤 벚꽃

밤이 깊어질수록 분홍빛 별들은 더 반짝였다.
헤이안진구平安神宮의 밤 야경 벚꽃을 처음 본 놀라운 느낌이다. 그래서 그 철에 교토를 가게 되면 한밤에 거길 꼭 찾게 된다.

많은 곳이 밝은 빛에 더 좋은 곳이 있고 야경에 유난히 돋보이는 곳이 다른데 헤이안진구는 낮에도 살풋 늘어지는 우아함이 뛰어나고 밤에는 키 큰 나무를 고개 들어 올려다

보면 새카만 밤하늘에 꽃잎 하나하나가 샛별처럼 빛난다. 꽃송이 숫자도 엄청나나 너른 가든이 전체적으로 조화롭다

3월 말 겨우 며칠 피어나는 봄꽃을 볼 데 많은 교토에서 보다 보면 진짜 최상의 꽃은 져 내리고 있어, 순례 순서를 현명하게 짜지 않으면 낭패하고 다시 360일을 기다려야만 한다. 그 날자는 그러나 해마다 다르다. 밤 조명하는 곳 중 이름 있는 곳이 한 서른 곳쯤 되지 않나 싶은데, 내가 꼽는 야경의 극치는 단연 고다이지高台寺와 헤이안진구平安神宮 다. 두 곳 다 특별하다.

그러나 둘은 개성은 전혀 다르다.
고다이지高台寺의 단 한 그루는 경건함과 영험함으로 그것에 마음이 끌린다면, 헤이안진구의 나무는 숫자도 엄청 많지만 벚나무 생명이 길어야 2, 3백년인데 천년 된 무게 있는 나무도 꽃을 피우고 있어 스스로의 역사를 말해주고 있다.
고다이지의 한 그루는 누가 시키지 않아도 무릎 꿇고 앉아 기도하듯 바라본다면 헤이안진구는 2만 평 정원 굽이굽이 산책길의 봄꽃과 연못의 잉어를 바라보며 한참을 걷는다.

한국인도 그러하나 호텔이나 료칸에 며칠 머물게 되면 자연 로비를 지나며 알게 되는 외국인이 있기 마련인데, 이때는 여길 꼭 가라고 내가 알려주거나 함께 할 때가 있다. 경험 있는 이가 말해 주어서인가 귀담아 듣는다.

한동안 머문 호텔 로비에는 일어를 가르치는 프로그램이 있는데, 캘리포니아 실리콘 밸리에서 스타트업을 한다는 미국 여성 제인은 같은 단어를 수 없이 배워도 발음이 서툴었다. 그렇게 그 어머니와 아들, 3 대와 함께 헤이안진구에 가니 한밤 별빛에 물든 꽃빛에 그들은 입을 벌렸다.

거기에 꽃구경만 있는 것은 아니다.

그 정원엔 크고 작은 연못들이 있는데 호수처럼 큰 연못가에 무대가 서 있어 봄 며칠간 클래식이든 발라드든 유명 진행자와 함께 하는 음악회가 열린다. 무대 양쪽으론 땅으로 우아하게 늘어지는 분홍빛 시다레자쿠라 수양벚꽃이 서

있다. 연못에 걸친 긴 다리 위로는 지붕이 덮여 있는데 그 아래 긴 벤치로 관객들이 바짝 붙어 앉고 다리 밖으로 넘친 관객들은 연못가에 서서 본다. 5천엔 티켓의 몇 천석에는 지정 자리가 없다. 꽃나무 사이사이 오래된 적송이 조명을 받아 붉은 몸통이 한밤에 눈부시다. 옛 왕족이 그렇게 즐겼으리라.

1895년에 헤이안쿄平安京 (교토) 천도 1100주년을 기념해 지었고 1976년의 대규모 화재로 다시 지은 헤이안진구는 천년이 넘는 역사지만 비교적 최근에 다시 지어서인가 새 건물처럼 보이는데 그 중 대극전 등 여섯 건물이 중요문화재로 지정되어 있다.

화재 당시 정부 보조금이 나오질 않자 전국에서 답지한 성

금으로 지었다는데 교토로 천도를 결정한 천왕 간무桓武를 모시는 신사로 바뀌었다. 아키히토明人 지난 번 천왕이 자신의 생일 기자간담회에서 간무 천왕의 어머니가 백제인이었다고 말했던 바로 그 간무로 1100년 역사의 수도가 시작된 것이어서 교토 첫 천왕으로 그를 중요시하고 있다.

재미있는 것은 지금은 시내 한복판인 교토의 오카자키岡崎 지역이 당시는 떨어진 교외여 거기에 지었다는 것이다. 세월과 함께 달라지는 지가地價는 세계 어디에고 있다.

선명한 붉은색이 특징인 정면의 커다란 문이 눈에 들어오고 정문 밖 그 문이 마주 보이는 참배 길에는 높이 24m가 넘는 오도리이大鳥居가 낮은 건물들 고도에 진한 주황색으로 드높아 눈에 유독 띄는데 유형문화재로 되어있다.

부지 2만 평의 절반인 만 평은 '헤이안진구 신엔平安神宮神苑'으로 불리는 정원인데 메이지明治 시대부터 조경가 집안으로 이름난 7대 오가와 지베에小川治兵衛가 20년 넘게 지었다. 그곳 연못에는 희귀 물고기와 등 껍데기에 풀이 자라는 미노가메ミノガメ 등이 있다. 일본에서 제일 큰 호수인 비와꼬琵琶湖에서 끌어온 연못 물에는 이치몬지타나고イチモンジタナゴ 라는 담수어가 있는데 이는 원류인 비와꼬琵琶湖 호수에는 외래 어류로 인해 사라진 것이다.

콘서트 뿐 아니라 전통 결혼식장으로 이용되어 전통 결혼식 복을 차려입은 신랑 신부가 자주 눈길을 끈다.

그렇게 교토 어디에나 깃들어 있는 우리 한반도와 일본의 특수 관계를 다시 생각해 보게 되는 헤이안진구平安神宮 다.

      하얀 달무리로
      더 아름다워라

      벚꽃 네 입술

# 나무 부러지다

그걸 보는 순간 절망했다.

그 나무를 내가 처음 대면한 건 2014년, 다음 해 시작될 도시샤同志社 대학 일정을 앞두고 미리 가서 방을 구할 때였다.

대학 바로 앞의 고쇼御所, 일본 천왕이 대대로 살아오던 궁으로 경복궁보다 휠 크니 다 돌아볼 수도 없는데 밖으로 난 여러 문 중에 동지사 대학 정문 건너로 보이는 그 궁문으로 들어가면 곧 나오는 것이 땅끝까지 내려오는 벚나무 군이 모여 있는 이 특별한 뜰이다.

봄이면 대단한 벚꽃을 이미 많이 본 때였는데도 궁의 북쪽 끝의 십여 그루, 키 크고 폭넓은 벚나무가 꽃을 피우고 너울너울 여유로이 서로 어우러지고 땅으로 늘어진 그 우아한 모습은 지상의 내가 아는 말로는 표현하기 어렵다.

그중 한 그루는 15미터 키에 나무통이 굵지는 않은데 한 가지가 옆으로 길게 길게, 꽃을 쏟아내며 피어내어 올려다보고 둘러도 보고 만져도 보고 그 아름다움에 빠졌었다.

지상에 며칠 머물지 않는 꽃이기에 교토에 머무는 며칠간 몇 번을 가 보다, 떠나기 아쉬워 뒤돌아보니 그제서야 꽃

아래 쪽 몸통이 눈에 들어오며 울퉁불퉁 많이 헤진 게 보여 도로 뛰어가 그를 쓰다듬고 안아주기도 했었다. 터지고 갈라져 보기에도 쓰라린 그 줄기로 수억 개의 꽃을 애써 피워낸 게 애처로워 보였다.

다들 나무 저 위로 피어있는 빛나는 꽃잎만 쳐다보며 찬양하고 있었다.

갈 곳 많은 도시, 그렇게 꽃 피는 철에만 본 그 나무를 왠지 겨울에 보고 싶어졌다. 교토는 부산보다 남쪽이어 춥다고 느낀 적이 없지만 겨울은 역시 잎이고 꽃이고 없었다. 일정을 마치고 겨울의 고쇼御所 궁을 찾았다.

봄에 보이던 사람들은 그 자리에 없었다. 나무는 많았지만 그 나무를 찾았다. 아무리 보아도 그게 그거 같고 잎과 꽃 없이 휑하여 다 시들하고 허름해 보였다.

헤치고 헤쳐 마침내 어스름에 찾아냈을 때 봄보다 더 텅 빈 나무통, 갈라지고 많이 파여진 모습을 보니 눈물겨웠다. 그 나무가 한겨울, 겉으로는 안 보이나 매 순간 저 속에서 꽃을 피워 내려 온 힘 다해 물길을 끌어올리고 내리고, 다시 올리고 그렇게 반복하고 있을 작업을 생각하니 희생하는 '대지의 어머니'만 같아 안쓰러웠다.

오는 봄에도 긴 겨울 견뎌온 사람들과 나에게 힘을 줄 거지? 살아있는 생명에게 그렇게 말을 걸기도 했었다.
해마다의 봄, 그는 실망시키지 않았다 2018년 봄에도.

하늘에서 내리는 아름다운 희망을 보며 많은 글을 쓰기도 했다. '천년千年'이라고 내가 이름 지었던 그 이야기가 '왜 교토인가 1' 지난 저서에 몇 개의 글로 들어있기도 하다.

그러던 게 지난가을 그 뜰에 들어가니 아니 이게 웬일인가. 십여 그루 중 유독 눈독 들였고 꽃으로 빛이 나 제일 파졌고 흉하게 갈라진 몸통의 그 나무가, 높이 올라 왼편으로 길게 뻗치어 핑크 폭포로 쏟아져 내리던 그 꽃줄기가 완전 잘려져 나간 게 아닌가. 부러진 것이다. 세상에, 앙상한 가는 몸통만 남은 게 처참했다. 엄청난 테러 맞은 그 모습에 그저 할 말을 잃었다. 주위엔 아무도 없었다.

지난여름 연일 쏟아진 폭우로 교토 가는 공항이 폐쇄된 외신은 보았으나, 화안한 빛으로 세상을 밝히던 그 꽃줄기가 뭉텅 잘려나가고 위로 뻗친 가는 줄기 몇 가랑 만 남게 된 건 정말 몰랐었다.

뿌리 채 파이지 않은 것이 다행이라고 위로해 보나, 아 그러나 그 순간, 그건 절망이었다. 일 년 12달, 순간마다 목숨 다해 피워낸 생명의 커다란 부분이 몸에서 떨어져 나갔을 때의 심정이 어땠을까.

이번에는 다른 의미로 그에게 다가가 안아주었다.
여직은 그가 나를 품어 주었다면 이번에는 전심으로 내가 그를 끌어 안아주었다.

미안하다 미안해, 정말 몰랐어. 양팔이 잘려나갔으니 어쩌면 좋아, 얼마나 아팠을까. 얼마나 피눈물을 흘렸을까, 아 나무 모서리에서 보면 꽃 덩어리가 커다란 하트로 보이던 그 옆 벤치에 주저앉았다.

그리곤 일어섰다.
너는 할 수 있어. 자연이 준 것을 자연이 가져갔지만 다시 시작하는 거야. 할 수 있어. 첫걸음부터 한 걸음 한 걸음. 몸통이 있고 물이 있고 공기가 있고 그리고 뿌리 깊은 저 흙이 있어. 거기에 햇빛이 쏟아져 내리고 바람이 불어오겠지.

하룻밤 새 길다란 가지를 다 키울 순 없지만 언젠가는 그보다 더더 크고 아름다운 모습으로 자라날 거야. 그럼 할 수 있고말고. 해마다 그 자세를 보아왔었지, 네 안에 싱그러운 그 분홍빛 물이 잔뜩 들어있지 않니. 가지를 키우고 싹을 틔워 그 엑기스를 다시 넣어주어야 해. 무엇보다 생명이 있고 받은 사명이 있으니. 시련을 딛고 일어서 눈부신 모습으로 위로와 사랑이 필요한 가엾은 이 세상에 희망을 보이는 거야. 위대한 환희의 선물로.

지난봄 그렇게 어루만지고 서울로 돌아와 대학원에서 '문화예술 문학'을 가르치고는 6월 종강 날부터 허리 통증으로 움직이질 못하고 있다. 지금 내가 들어야 할 말을 그때 그에게 한 생각이 난다.

이 또한 예상 못 한 고통이다.
모든 일정을 캔슬했고 1시간여 거리 교토는 고사하고 집 밖을 못 나가고 있지만 계절이 다하면 일어나 그를 마주할 수 있기를 소망해 본다.

나무는

남은 몇 가지에 아름다운 꽃을 피우리
서로를 보며 얼마큼 일어섰는지
얼마나 속이 깊어졌는지
오는 봄
우린 한 눈에 가름할 수 있으리라

마주하리라
마침내 꽃을 피우기 위해
마침내 그 희망 보이기 위해

혹독한 이 계절이 다하면

잘린 나무 2019 가을

고쇼의 그 나무 2018 봄

# 천 년의 이끼 고케데라苔寺

이곳은 스티브 잡스가 조용히 감상하고 간 곳이라고 했다.

교토 토박이들이 꼭 가 보라고 내게 몇 번을 말해 준 유일한 곳, 이끼 정원 고케데라苔寺였으나 그 예약이 잠시 있는 방문객에게 간단치 않고 그것도 손편지로 써 보내고는 꽤 기다려야 해서 엄두를 내지 못했다.

이끼 서식으로 이름난 정원이어 '이끼 정원 苔寺고케데라'라고 하나 워낙은 850년에 창건된 1200년 역사의 사이호지西芳寺 절이다. 나라奈良 시대에 사찰로 되기 전에는 쇼토쿠 태자聖德太子 별장이었다는데 이 정원을 지은 유명한 작정가作庭家 '무소 소세키夢窓疎石'가 다시 손을 보고 사찰이 되었다고 한다. 이 정원은 수많은 일본 정원에 지대한 영향을 끼치게 된다.

교토의 볼 만한 수많은 명소나 정원의 입장료가 보통 6백 엔 많으면 천 엔이라 해도 하루 몇 군데 들리게 되면 그것도 많아지는데, 이 이끼의 정원은 손편지를 써 보내고도 한참 기다리다 하루 한 번만 볼 수 있는 팀에 뽑혀야 하고 입장료는 무려 3천 엔을 했다. 여행지에서 이리저리 쓰다 보면 생각지 않게 비용이 나가기 마련이어 한 곳의 티켓 3천 엔은 여행객에게 적은 돈이 아니다.

결론부터 말하면 그러함에도 독특한 아름다움에 그만한 가치는 있다는 것이다.

손으로 써내는 것도 고어古語여야 했다. 21세기 디지털 시대에 천 년 전 스타일을 고수하다니 최첨단을 가면서도 그들은 동시에 그런 전통을 굳게 지키려 노력을 한다. 21세기에 이해 못 할 모습이지만 그렇기에 더한 매력이요 서양인들이 흠뻑 반하는 모습이기도 하다.

입장 3시 조금 전 도착하니 '유네스코 세계유산'이라는 대문 옆 큰 팻말이 나를 맞는다. 대문은 닫쳐 있고 하얀 꽃

나무가 정원 깊숙이 살짝 보이는 그 옆 작은 문으로 들어가니 놀랍게도 12월에 눈가루처럼 하얗게 피어난 커다란 벚꽃이었다.

한겨울에 핀 벚꽃 - 고케데라苔寺 2018 12

잎 떨어진 단풍나무 사이를 걸어 들어가니 늘어진 벚꽃 긴 가지들이 잔디 위로 살랑이고 널찍한 잔디가 두터운 연둣빛 벨벳 이끼로 눈에 들어온다. 아 이 커다란 공간이 이제 겨우 시작인데 한겨울, 어느 곳에서도 보기 힘든 딴 세상에 신선함의 분위기를 감지하게 된다.

뽑힌 3백 명이 고급진 분위기에 맞추어 안내하는 대로 얌

전히 신발을 벗고 너른 법당으로 들어가 좌식 책상 앞에 차분히 앉는다. 젊은 스님들이 이끼정원 고케데라의 역사와 배경을 이야기하며 성스러운 분위기를 조성하자, 무게 있어 보이는 주지 스님이 어디에선가 살풋이 등장해 깊은 절을 하며 경전을 암송한다.

어려서 나를 기르시던 할머니가 새벽에 외우시던 바로 그 발음이다. 인도를 통하여 왔어도 우리가 6세기 일본에 전해준 불교는 우리 것이 되어 발음조차 같은 것을 느끼게 된다. 그걸 알아듣지 못하는 나는 작은 좌식 책상을 앞에 두고 여러 나라에서 온 앞뒤 좌우 사람들과 바짝 붙어 앉아 할머니 생각에 잠기게 된다.

스무 살 무렵 필요도 없었으나 그때 유행인 다이어트를 한다고 먹는 걸 줄이면 제발 잘 먹어야 한다고 애를 태우셨고, 대학 졸업하고는 사진을 들고 이층 내방으로 부지런히 오시어 이 신랑감이 집안이 아주 좋고, 하며 이야기를 시작하면 그렇게 말하는 게 거슬려 마다했었다. 애지중지하시는 게 부담스럽기만 했었다.

하루는 초등학교 졸업 무렵 오시어 자기 동창 친구가 다 과부가 됐으니 경기 줄에 서지 말고 여기서야 한다고 내 팔을 끌어 이화 줄에 세우셨다. 6 25 당시엔 내 할아버지처럼 납치되거나 전쟁터에 나가 그리된 게 아니던가.
'승신아 너 그 줄 아니야, 이 줄이야~' 친구들이 반장인 나에게 소리쳤었다. 그렇게 할머니가 예수 학교에 넣어주신 것이다.

그 생각을 하는데 긴 기도문을 다 외우고는 각자 앞에 놓인 손 테블 위의 먹을 벼루에 갈아 붓으로 종이에 자기나라와 이름, 생년월일 그리고 소원하는 걸 써넣으면 기도해 준다고 한다.

교토는 대도시는 아니나 긴 세월을 수도여서, 일찍이 한국에서 불교를 받아들인 후 지은 사찰이 크고 작은 것까지 3천여 개나 된다. 그중 여러 개가 세계 관광객이 찾는 명소인데 붓과 먹으로 필사를 하며 그들의 종교에 참여시키는 건 처음 본다. 1시간은 됨직한 꽤 긴 시간이다.
이끼를 보러왔는데 어서 보여주지 않는다고 불평하는 이는 하나 없고 모두 경건한 자세를 취했다. 기막힌 정원만 보이는 것보다는 공간 핵심의 의미가 보였다.

잠시 생각하다, 새벽 4시마다 기도하시던 불교 신자 할머니 덕에 크리스천이 된 나는 '믿음 소망 사랑'의 성경 구절을 먹물로 정성껏 써넣었다.

신발을 다시 신고 나와 그들이 인도하는 대로 기대하던 이끼 정원이 본격적으로 펼쳐지는 곳으로 나아간다. 아 과연 장관이다. 120종이나 되는 이끼라는데 12월 중순에도 풋풋한 연둣빛으로 저리 빛나니 진짜 좋다는 5, 6월엔 얼마나 더 빛이 날까. 연못이 한가운데 있고 그들이 중시하는 마음 心자 모양으로 물 안에 섬을 만들어 놓았다.

이끼 사이로 3cm 폭의 가는 물이 길게 흐르고 키 큰 나무 사이사이 만평 넘게 펼쳐지는 비로도보다 두툼한 이끼 잔디 여기저기에 빨간 열매가 보인다. 높낮이 있는 길을 오르며 죽 따라가니 모습이 아주 생소한 모래 정원 가레산스이枯山水가 나오고 12월에도 잎이 채 지지 않은 단풍나무가 운치 있게 서 있다.

소리죽여 감탄하는 중국인들 모습이 눈에 들어온다. 철학적이고 동양 미학을 흠모하며 안목 높기로 이름난 일찍 간 스티브 잡스도 여기에 분명 감동했을 것이다.

첫 대문 입구에 땅까지 늘어진 시다레자쿠라枝垂れ櫻 봄꽃을 보려면 3월 말이 좋겠고 그 옆에 길게 늘어선 여러 그루의 오색 단풍 빛 사잇길을 걸으려면 11월 말에 와야 하고, 이끼 빛이 제일 반짝인다는 6월에는 또 어떨까. 번거로운 손편지 신청을 고어古語로 다시금 해야 하나.

무엇보다 금강경을 외울 때 떠오르던 못 뵌 지 30년이 넘는 할머니 생각을 다시 해보고 싶다.

어려서 존재로 기쁨을 드렸으나 효를 드리지 못한 할머니, 미국으로 20여 년 떨어져 있었고 서울로 귀국하기 전에 가신 장복순張福順(1904~1989) 외할머니 생각을 하며 연두빛 별세계 정원 속을 커진 이 손녀딸이 걷는다.

'미안해요 할머니~'
자꾸자꾸만 빌고 싶다
이제사 눈을 뜬 첫 손녀 딸
'할머니 마음 그땐 몰랐어요
늘 계시는지 알았어요'

천 년의 도시
천 년의 정원

고케데라苔寺

## 가모가와鴨川의 봄

교토에도 봄이 왔다.

어디에나 겨울이라는 계절이 있고 더욱이 그것이 길고 침울한 것이었다면 가슴 속 봄이라는 희망을 품고 견디어 온 것인지도 모른다. 그렇게 품었던 그 봄이 왔다.

> 삶에 어찌 꽃피는 봄날만이 있으랴
>       그러나 봄이 없는 겨울은 없다

마음속에 그 시 구절이 있었고 얼마 안 되어 동일본에 쓰나미 대재난이 일어나고는 그 시가 밖으로 튀어나왔다. 2011년 2012년, 양국에서 한·일 두 언어로 시집이 나와 화제가 되자 사람들과 매스컴은 세기적 재난에 그들을 위로하려고 이런 싯구들이 쏟아졌다고 했었다. 그러나 생각하면 그건 원래 내 안에 있었고 인류 누구에게나 적용된다고 할 수가 있다. 내 스스로를 위로한 말인지도 모른다.

어느 한 해 봄날, 긴긴 겨울이 다하고 우연히 타이밍이 맞아 바라본 교토의 봄꽃은 예술이었다. 서울서 비교적 가까운 그곳에 찬 계절을 지나 몇 번의 봄철을 찾아가다가, 그중 마음에 들어오는 곳을 새기기 시작했다. 수효가 차차 늘어 여러 곳의 꽃을 보게 되었고 그 생긴 모양이나 빛깔 모습 특징을 기억하게 되었다.

국내는 물론 미국 유럽의 봄꽃을 제일이라고 생각한 적도 있었다. 그러나 무언가 옛꿈에서 본 것만 같은 교토의 봄꽃은 정겹고도 따스한 미美여서 세계에 봄꽃 올림픽이 있다면 교토가 단연 금메달감이라고 속으로 생각하곤 했다.

사고로 한 해를 걸렀으나 올봄 다시 바라본 봄꽃에 눈이 부시다. 힘겨운 길고 긴 겨울이었는데 '내 인생에 봄날이 반드시 오리라'는 소망을 가지게 한다.

고다이지高台寺 엔코지圓光寺 묘신지妙心寺 텐류지天龍寺

그리고 아라시야마嵐山의 분홍빛으로 덮인 화사한 산을 물과 함께 바라보았다. 어쩌면 저리 어김없이 매봄 지극히도 화사한 자태를 들어내는지 생전 첨 보는 듯 놀라워한다.

짧은 기간 볼 곳은 많고 마음이 다급해진다.
동지사 대학 근처 살았던 곳 옆으로 흐르던 가모가와 강이 마음에 있지만 이름 높은 명소의 화려한 광경을 쫓다 보면 솔직히 거기까지 갈 겨를이 없다. 그러니 사나흘 머무는 관광객들에겐 가모가와 정도는 일정에 들어있을 수가 없을 것이다.

이번에도 다른 데 갈 데를 정하고는 달리다 길을 잘못 들어 가모가와를 우연히 지나치게 되어 갑자기 '여기 5분만 세워줘요~' 소리를 쳤다. 그리곤 강가로 달음질쳐 내려갔다. 아 가모가와鴨川, 반가운 오리 강이다.

내가 살던 방에서 몇 걸음 걸어 나오면 강이었다. 방의 창으로 앞집이 가리워져, 학교 도서관이 밤 10시에 닫으면 강 쪽인 집으로 걸어와 씻고는 한밤에 강으로 나갔었다. 서울보다 맑은 달이 중천에 떠 훤히 물에 비치는 36 키로 긴 강둑의 일부를 밤이면 걸었다. 빠져나오고만 싶던 나라와 집이 그리워졌고 적적했고 두고 온 사람이 그리웠다.

가모가와는 유명 문인들의 시나 산문, 소설에 등장하는 교토를 가로지르는 비교적 좁고 얕은 강이다. 동지사대 캠퍼스의 윤동주 시비 곁에 나란히 서 있는 윤동주의 스승 벌 되는 정지용 시인 시비에 '가모가와 십리ㅅ벌'이란 시로 새겨져 있기도 하다.

대단한 문호들이 깊이 성찰하며 사랑을 그리고 고향을 그리며 걷던 강가를 한밤 인척도 없는데 길게 걸었고, 주말엔 강가에 남들은 비닐 돗자리를 펴고 쉬고 노는데 나는 수퍼에서 사온 스시를 들며 시험공부를 부지런히 해야만 했다. 고대문학인 만요슈万葉集 과목을 따라가려면.

또다시 마침 4월 초이고 '가모가와 십리ㅅ벌'엔 순간이면 져버릴 사쿠라가 연이어 끝도 없이 피어오르고 있는데 그 사이사이로 움트는 여린 수양버들이 미소를 짓게 했다.

아 강과 함께 떠오르는 지나간 시간들과 가졌던 생각들, 한국과 미국이 문화 배경인 사람이 겁도 없이 뛰어든 일본 공부에 헉헉 숨을 내쉬었는데, 그 강으로 눈을 돌리면 철 따라 피어나고 자라나던 예브고 자연스런 풀꽃들, 하늘을 유유히 나르던 솔개와 너무 새카매 눈부시기까지 한 처음 본 까마귀 떼 날던 생각도 난다. 무엇보다 거기엔 무한대로 열려진 하늘이 있었고, 그 하늘 어디에고 나라 경계인 국경 같은 건 없었다.

익숙해서인가 다른 어떤 화려한 명소보다 마음이 안정되고 평안하다. 그렇다. 서울서 제일 그리던 게 바로 이 가모가와 강가였다. 위로를 주었기 때문이다.

강물에 앙징스런 아가 오리들이 엄마 오리와 떠가는 게 보이고 데이트하고 싶은 곳 1위로 이곳 시민들에게 꼽히는 곳답게 커플이 손잡고 연분홍 봄꽃을 바라다보고 푸른 하늘을 올려다보는 모습이 정겹고 편안하게 다가온다.

주위 환경의 중요함을 새삼 느끼는 순간이다.

젊음과 노년의 커플 차이가 보이지 않네
평안한 물빛 눈부신 꽃잎에 마음 물들어

가모가와 鴨川 십리ㅅ벌

교토에 가을 물이 들면

# 다시 교토

다시 교토입니다.

미국에서 오자마자로 시차도 바뀌지 않아 망서려졌으나 오래전 약속했던 교토에 일 년 만에 그걸 지키려 갔습니다.

서울에 있을 때는 먼 곳으로만 생각되는데 1시간 10분 비행기를 내리면 어제도 있었던 듯 다시 친근해집니다.
오랜만에 교토를 오니 며칠 전 미국에 있던 생각이 떠오르며 자연스레 두 나라를 비교하게도 됩니다. 훨씬 더 길게 살았던 미국이 고향처럼 친숙하지만 15시간 비행 생각을 하면 타자마자 내리는 일본이 더 쉽게 오게 되리라는 예감이 듭니다.

침울해지던 서울서 오니 일본은 지금 다른 분위기입니다. 몇 해 전부터 심혈을 기울이는 동경올림픽이 다가와 열과 기를 더하고 있고 인력은 부족인데 일자리는 넘치고 거기에 2025 만국박람회에 오사카大阪마저 뽑혀 전국이 들썩이고 있습니다.

돌아보니 최근 뉴욕 워싱톤 보스톤의 4주간, 가게나 식당에서 백인 직원을 본 적이 없습니다. 미합중국美合衆國의 나라이기도 하지만 점점 더 히스패닉 흑인 동양인이 불어나는 추세를 실감했습니다. 백인 아닌 인종을 모두 합치면 백인을 넘어선다니 트럼프가 America First 이민 절대 반대를 부르짖던 게 현장에선 이해가 갔습니다.

여기 일본도 해외에서 많은 인력을 끌어오는 것이 이민이냐 아니냐를 놓고 국회에서 언쟁을 합니다. 호텔 직원들도 거의 외국인입니다.

130만 작은 인구의 교토는 11월 말, 이 시기에 단풍 모미지로 구경꾼이 넘칩니다. 사드를 이슈로 서울에 중국인이 안 오던 해부터 그 숫자를 일본이 흡수하고 있습니다.

잠시 머물고 있는 교토의 기온祇園은 서울로 말하자면 명동인데 다른 점이 있다면 명동에 없어진 역사의 흔적이 이곳에는 있다는 겁니다. 중국인지 동남아인지 모르게 없어지고 변해버린 명동에 비해 이곳은 천년의 역사가 번화한 기온에 고스란히 스며들어 있습니다.

늘어난 중국인 한국인 말고도 금발 머리 서양인도 많이 보입니다. 여전히 그들은 이곳에 반하고 좋아하고 있고 서울 집에서 산책가는 인사동엔 돈을 써주려도 살게 보이지 않는데 여기는 아끼고 아끼려도 그들이 지갑을 엽니다.

그 묘한 환경에 세계인들이 섞여서 걷고 있습니다.

아무리 미인 아무리 좋은 것도 진력이 나기 마련인데 왜 이곳은 진력이 나지 않는 걸까, 걸으며 골똘히 생각하고 생각해봐도 그것은 역시 역사입니다. 그것의 깊이입니다.

허름해 보이고 별 것 아닌 것만 같은 집에 골목에 석등 하나, 거기에 깊숙이 배어있는 역사의 결, 그 눈에 보이지 않는 것에 인간은 본능적으로 마음이 끌리는가 봅니다.

우리가 부시고 없애고 새로 지어버린 것을, 수백 년 그 불편함과 추위를 인내하며 선조의 얼을 지켜온 이들이 받아야 할 마땅한 복인지 모릅니다.

# 딴 세상

이건 딴 세상입니다.
서울엔 눈이 왔다는데 이곳 교토는 18도 안팎입니다.

교토의 명물인 단풍 모미지もみじ가 드디어 찾아왔습니다.
서울에선 시내로 단풍 구경 간 생각은 나지 않고 멀리 설악산 내장산으로 갔습니다.

도시에선 나무를 다 베어야 집도 짓고 건물도 세웠겠지요
그러나 이곳 교토는 시내 한복판에 오래된 굵은 단풍나무 은행나무가 그대로 많이 남아 있습니다.
어느 사찰이나 신사神社, 정원 공원에나 가득 합니다.

덥다가 갑자기 차가와져야 단풍 빛깔이 곱다고 하는데 지구 온난화로 이번에도 계속 따뜻하기만 해서 지난해만 못하다고들 하는데도 그 신비로움이 딴 세상만 같습니다.

사계절이 있어 그 변화가 우리 삶에 새로움을 줍니다.
더움과 추움 사이 이런 가을이 있어 감사할 뿐입니다.

봄에 피어나는 꽃은 긴 겨울을 넘기고 바라보는 희망이어 좋으나 단풍은 한 해가 다함을 알리고 인생의 가을을 상기시키어 쓸쓸하고 적적하다고도 하나 마침내 그 순간이 다가와 그 아름다움 속에 한 덩어리가 되어 그윽이 바라다 보면 삶의 어느 한순간도 기대하지 못한 신비감과 아름다움이 없는 순간이 없음을 새삼 느끼게 됩니다.

여러 번 보았습니다만 장기로 있지 않았다면 보지 못했을 단풍들을 만납니다.
최근 도시샤 대학 창립 기념일로 주말까지 연휴여서 고요 紅葉를 찾아 나섭니다.

그간 집과 학교만으로 어느 도시에 있는지도 모르고 지냈습니다만 다녀보니 과연 교토라는 감이 옵니다. 12월이 겨울이라기보다 단풍의 절정이라니 믿기 어려운 일입니다.

고쇼御所 기요미즈테라 고다이지 엔도쿠잉 에이칸도 난젠지 도후쿠지 센뉴지泉涌寺 키타노텐망구 시센도詩仙堂 콘카이코묘지金戒光明寺 신뇨도眞如堂 엔코지 텐류지天龍寺 등 많은 곳의 가을을 보았습니다만 해마다 새로운 영상의 Performing이 정원에 펼쳐지는 도요토미 히데요시의 집인 고다이지高臺寺, 그 고요한 연못에 투명한 면경으로 비치는 새빨간 밤 단풍을 표현할 길은 없습니다. 사진에 제대로 담을 수도 없습니다. 바로 맞은 편, 그의 아내 네네의 집에서 바라다보는 단풍나무도 딴 세상의 예술입니다.

그러나 이번에 만나게 된 키타노텐망구北野天滿宮의 긴 개울 따라 흐르는 늘어진 단풍나무 가로수, 시내 한복판에 위치한 천왕이 단가를 지었다는 방에서 내다보는 오묘한 가을 빛깔의 쇼렝잉青蓮院의 정원과 아라시야마嵐山의 호공잉寶嚴院은 그야말로 환상 그 자체입니다. 시센도詩仙堂와 엔코지圓光寺의 우아한 단풍정원도 인간의 말로는 표현할 길이 없어 그저 고요히 바라다보게 됩니다.

누구 하나, 와 아름답다 멋지다라는 탄성 한마딜 내지 못하고 고요히 바라다만 보았습니다. 저도 그 조화가 깨질 것만 같아 볼 때마다 숨죽이며 조용히 바라봅니다.

단풍나무 키가 보통 15내지 30미터인데 그 큰 키를 목을 젖히고 올려다보면 새파란 하늘을 배경으로 한 한 그루 나무에서 엄지손톱 크기만한 잎사귀들이 새빨간, 오렌지, 노오란, 연두 녹빛, 자주빛 오색으로 겹치어 하늘에서 내리는 별꽃 레이스로 하늘하늘 펼쳐집니다.

오색 단풍잎 - 교토 콘카이코묘지 金戒光明寺

단풍의 물듦에도 격이 있습니다. 공작처럼 무도회 넓다란 드레스처럼 커다란 스케일로 펼쳐지는데 오랜 연륜 켜켜이 쌓인 품위와 격이 분명히 보이고 느껴집니다.

천년도 넘어 전 6세기, 백제가 일본에 그 정원을 전수해 주었고 그들이 감사해 한다고 하여 전에는 그걸 자랑도 했습니다. 그러나 이젠 그 소리가 입에서 나오지 않습니다.

이렇게 수많은 종을 연구 개발하여 가장 알맞은 것으로 위치와 모양, 물 흐름, 전체 조경 디자인까지 완벽하게 천년 세월, 흐트러짐 없이 유지 관리 발전시켜 온 공이 어마하게 크다는 걸 누가 알려주지 않아도 느끼기 때문입니다.

사흘 만에 지는 봄꽃보다야 길지만 지는 잎이 애처럽고 가을 끝, 딴 세상만 같은 이 생명의 조화가 떨구어져 다시 흙으로 돌아간다는 사실이 아깝고 안타깝기만 합니다.

위대한 神과 인간의 이 합작품은 드넓어 사진에 다 담아지지도 않습니다. 몇 해 전 카메라를 잃고는 핸폰으로 부분부분 어설프게 누르며 가슴 깊이 새겨놓을 뿐입니다.

이리저리 고단했던 타국의 긴 시간 공부의 끝, 이런 극상의 아름다움이 숨어서 나를 기다리고 있었다는 것에 감사하며 언젠가 그 단풍잎 하나하나의 마음을 조금 더 세세히 그 디테일을 써볼 여유가 있기를 바랍니다

홀로 보기 아깝고
두고 가기 아까운
별꽃

두고 가기
진정 아까운

이 세상

# 교토의 가을은 에이칸도永觀堂

'교토의 가을은 에이칸도永觀堂, 천 년의 상찬이 이런 색을 길러내다' 교토에 가을이 오면 이런 다양한 형태의 포스터들이 여기저기 나붙는다.

이런 천상의 색깔은 적어도 천 년의 칭찬을 들어야 나오는 거라니, 교토가 시작된 천 삼백 년의 역사를 뜻하는 것이겠으나 '로마는 하루에 이루어진 게 아니다'라는 말처럼 자연의 그 색깔과 모습도 한 철로 되는 게 아니고 긴 세월

칭송을 흠씬 들었기 때문에 그런 색이 되었다는 자랑이다.

과연 자랑할 만하다.
입구에 다가만 가도, 담장 너머로 보이는 영롱한 색이나 대문 사이로 보이는 상록 빛 높은 산을 배경으로 한 나무들이 찬란하고도 눈부신 붉은 빛으로 변해 있어 매번 아아 소리가 절로 나오게 된다.

853년에 창건된 에이칸도의 원래 이름은 젠린지禪林寺, 언젠가 에이칸永觀이라는 주지가 있었을 때, 영관당 에이칸도永觀堂로 되었다는데 일 년 중 단풍이 아름답기로 일본에서 유명하다. 또한 깊숙이 들어가면 본존에 77cm 아담한 크기의 '뒤돌아보는 아미타여래'로도 유명하다. 수많은 국보급 불화 보물들을 소장하고 있고 들여다보는 방마다 문짝에 그려져 있는 오래된 그림이나 족자 액자들은 거의가 다 국보다.

그런 중에 히가시야마東山 가파른 산등성이를 따라 지어진 긴 목조 회랑으로 가장 위쪽에 있는 법당을 향해 죽 걸어가는 복도를 나는 유독 좋아한다. 교토는 겨울이 저들은 춥다고 하나, 영하로 내려가는 서울에 비하면 추워야 12도 13도인 게 따스하게만 느껴지는데, 그래서 개인 집도 난방을 잘 안 해 춥고 사찰도 유리문이 바깥과 통하도록 활짝 열려 있어 12월 초 한참 걷다 보면 발이 시리지만, 찬마루 바닥을 걷다가 중간중간 정원이 나오고 화려하면서도 단아한 단풍을 바라다보고 연못에선 우아한 비단잉어를 내려다보며 죽 걸어가는 구부러지고 길다란 회랑마루, 와룡행랑臥龍廊을 나는 즐긴다.

그러면 저 멀리 긴 회랑 제일 끝에 마침내 그 유명한 '미카에리, 돌아다보는 아미타여래상'이 나오고 촘촘히 서서 경건히 그걸 바라보고 있는 사람들이 보인다.

뒤를 돌아다본다는 '미카에리 아미타불みかえり阿弥陀'은 가마쿠라鎌倉 시대 (1185~1333) 초기 작품으로 얼굴을 비스듬히 돌리고 있어 '뒤돌아보는 아미타불'로 불린다. 전

설에 의하면 어려서부터 재능이 탁월한 에이칸 스님이 하루 만 번의 염불을 하다 6만 번까지 하게 되었다.

어느 날 지극한 신심t神心의 에이칸이 법당을 돌고 있는데 그 앞 수미단 위의 아미타 부처가 내려와 함께 돌고 있는 게 아닌가. 깜짝 놀란 에이칸이 멈춰서서 멍하니 바라보니 아미타가 왼쪽으로 고개를 돌리며 다정히 '에이칸아 늦었구나' 한 것이 지금까지 천년을 왼쪽으로 바라보는 모습이 되었다. 고통받는 중생을 연민의 정 가득한 눈매로 가엾이 바라보고 있는 바로 그 모습이다.

그 후 9백 년을 수행과 유치원 등 교육과 사회사업을 활발히 해오고 있는 대단히 웅장한 사찰이다.

교토의 정원과 사찰을 돌아보는 광경은 정적이고 고요하고 참으로 동양적이다. 그러나 거기에 스토리가 다 다르고 철따라 보이는 모습과 색깔 분위기 느낌이 달라서 새롭다.

교토에 가을 물이 들면 도시의 무드가 확 바뀐다.
미국에 살면서 가을 풍경이 좋다는 곳들을 보았고 카나다와 유럽의 가을을 많이 보았다. 거기에 살 때는 그것이 제일이라고 생각했었다. 그런데 같은 때 연이어 두 나라를 보게 되니 그대로 둔 자연스러움은 있으나 세련됨과 섬세한 디테일에 차이가 있음이 눈에 들어온다.

유럽의 성당 속 미술과 조각이 우리를 압도하듯, 일본의 사찰과 정원, 건축도 가을이나 봄에는 보는 이를 압도한다. 그러나 가을 단풍과 봄꽃의 배경이 365일이 아니고 일 년에 한 번만 돌아오는 순수 자연인데다 쉬이 지고 쉬이 떨어지기에 더 매혹적인 것인지 모른다.

가을에 셋이 열매를 던지니 잉어는 어디에
연못에 부는 아침 바람에 손은 시린데

秋を三人椎の實なげし鯉やいづこ池の朝かぜ手と手つめたき

요사노 아키코

에이칸도를 방문하여 지었다는 유명한 여성 가인歌人 요사노 아키코与謝野 晶子의 단가 시 한 수가 비碑되어 거기에 서 있는데 삼각관계의 애절한 마음이 엿보여 이 가을 보는 이의 마음을 애잔하게 한다.

# 도쿠가와 이에야스의 엥코지圓光寺

보면 볼수록 비교적 작은 도시 교토京都엔 왜 이리도 볼게 많은 건가 하는 생각이 들기도 하지만 그 중에도 특별한 것이 분명 있는데 엥코지圓光寺도 그중 하나다.

일본 역사를 조금이라도 아는 사람이라면 쇼군將軍 도쿠가와 이에야스德川家康(1543~1616)의 이름을 들었을 것이다. 도요토미 히데요시豊臣秀吉에 이어 흩어져 있던 일본 천하를 통일하고 에도(도쿄)에서 260여 년 에도 막부江戶幕府 시대를 거느린 일본의 영웅이다. 그런 그가 교토에서 수련하고 청년들을 가르치던 곳이 엥코지라면 듣기만 해도 솔깃하지 않은가.

히가시야마東山에 내가 잘 가는 수제 우동 집이 있는데 하루는 입구에서 줄을 서 기다리다가 커다란 잡지 양면을 눈부신 단풍으로 꽉 채운 사진이 눈에 들어왔다. 엥코지圓光寺라 했다. 이 시대의 사진 기술과 홍보의 과장됨을 감안하더라도 근사해 보여 보러 나섰다.

전차로 내리니 이치죠지一乘寺다. 히에이산比叡山을 뒤로 하는 이치죠지에는 시인이 만든 유명한 정원 '시센도詩仙堂'가 있고 하이쿠俳句의 대가 마츠오 바쇼松尾 芭蕉가 머물던 사찰이 있고 이름 있는 명소 표지가 꽤 많은 깊은 역사의 동네다.

1300년 역사의 엥코지로 들어가는 입구 양옆에 늘어선 소나무부터가 그곳의 품위를 말해주고 있다. 소나무의 경호

를 받으며 우아하게 걸어가다 몇 계단을 오르니 모던한 마른 정원 가레산스이枯山水 정원이 펼쳐진다. 가레산스이는 모래 위에 의례 이끼 낀 오래 묵은 바위가 놓여 있어 우주를 표상하는데 거기엔 현대 설치미술처럼 모던한 키 큰 돌들이 늘씬하게 서 있어 색다른 신선함을 준다.

정원에 연결되어 본당이 있고 그곳의 역사를 전시하고 있는데 그 건축물이 젊은 도쿠가와 이에야스가 청년들을 가르치던 학문소다. 워낙이 학문소學文所로 시작된 이곳은 칠당七堂을 갖춘 대사찰이었으나 여러 차례 화재로 많이 소실되었다고 한다.

인왕문仁王門을 들어서니 잡지에서 보던 바로 그 유명한 단풍정원이다. 400년이 넘는 단풍나무는 굵은 몸통이 어찌 그리 반질반질 윤이 나는지, 나무 하나하나가 조화로운 색의 잎들을 훈장처럼 머리에 이고 있다. 놀라운 그 너른 풍경을 핸폰 한 컷에 다 담을 수 없다는 게 유감이다.

대숲을 비추는 연못을 끼고 참배 길을 오른다. 저 아래 교토 시내가 내려다보이는데 거기에 아담한 묘 하나가 있다. 도쿠가와 이에야스의 묘다. 어여쁜 단풍나무가 주위에 살랑이며 감싸고는 있으나 소박하기 짝이 없다. 서울서 온 이들과 함께 하면 소설 대망大望으로 본 이미지에 어울리지 않는지 한마디씩 하기 마련이다. 왜 이리 초라하냐고.

일본이야 소설뿐 아니라 대하 드라마 영화 연극의 소재로 대단한 선풍을 일으키는 으뜸으로 치는 인물이나 한국도 베스트셀러 대망을 몇 번이나 읽었다는 사람은 꽤 있다.

그 책에 보면 일본의 세 영걸英傑을 뜻하는 유명한 말이 나온다.

울지 않는 두견새는 죽여 버리겠다 鳴かぬなら殺してしまへ時鳥 - 오다 노부나가. 울지 않는 두견새는 울게 만들겠다 鳴かずともなかして見せふ杜鵑 - 도요토미 히데요시. 울지 않으면 울 때까지 기다리겠다 鳴かぬなら鳴まで待よ郭公 - 도쿠가와 이에야스.
인내심 있게 기다리고 기다리는 도쿠가와 이에야스의 인품

147

에 일본 국민은 일제히 환호한다.

그가 가면서 남긴 유훈도 인상적이다.
'사람의 일생은 무거운 짐을 지고 먼 길을 가는 것이다. 서두를 필요 없다. 자유롭지 못함을 친구로 삼는다면 부족할 것이 없다. 욕심이 생기면 궁핍했을 때를 생각하라. 인내는 무사장구無事長久의 근원이요, 분노는 적이다. 미치지 못함이 지나친 것보다 낫다'

그 동조궁 신균어유훈東照宮神君御遺訓은 닛코日光의 도쇼구東照宮에 있다. 그의 원대로 에도에서 장사를 치루고 1주기에 두 시간 떨어진 닛코日光로 유해를 옮긴 것이다.

NHK를 보면 옛 영웅들이 가졌던 병명을 열거하며 역사와 의학을 묘하게 믹스한 '위인들의 건강진단'이라는 프로그램이 있다. 얼마 전 보니 도쿠가와 이에야스는 73세에 위암과 매독과 각기병으로 갔다고 했다.

오카자키岡崎 궁에서 태어난 그는 두 살에 어머니와 헤어지고 아버지도 일찍 세상을 뜨고 여러 번 죽음의 위기를 겪으며 철저히 복종하고 살았으나 불우함을 딛고 일어서 마침내 한 나라의 영웅호걸이 된 그 삶의 소설과 대하 드라마는 수도 없이 많다. '인내의 귀재'로 불리우며 일본 국민의 존경을 한 몸에 받고 있는 도쿠가와 이에야스다.
천왕으로부터 도쇼다이곤겐東照大權現이라는 신호도 부여

되었는데 그의 유해遺骸가 있는 진짜 묘지는 그러고 보면 닛코日光의 도쇼구東照宮다. 그러함에도 청년 시절을 보냈던 교토 엥코지에 그의 이름이 적힌 팻말이 꽂힌 묘가 있는 것도 사실이다. 영웅의 묘치곤 초라하다는 것도 이해는 가나 우리가 전해 준 불교의 영향이 꽤 큰 일본은 검소 소박하고 절제하고 겸허한 것을 귀히 여기는 나라여서 엥코지의 묘도 그런 게 아닐까 하는 생각을 해 본다.

우동 집 잡지 화보에 매료되어 갔지만 거기에 서니 엥코지 圓光寺와 도쿠가와 이에야스德川家康의 청년 시절의 인연, 4백 년 전의 영웅과 일본의 그 역사를 생각해 보게 된다.

그 역사를 다 보았겠지, 4백 살 저 잘 생긴 윤이 나는 나무는

# 료안지 가을에 물이 들면

료안지龍安寺는 전설이다.

교토를 좋아하고 연구하는 사람이 세계에 많은 중, 그들이 교토의 여러 명소 중 첫째를 어디로 꼽느냐는 물음을 받으면 한참을 고심하다 답하는 곳이 '료안지龍安寺'다.

그 명성은 특히 서양 선진국에서 대단하다. 극도로 발달된 그들의 정신문명에 무언가 미진한 것을 일본 정신에서 마침내 찾아냈고, 그것이 눈에 보이는 조형으로 들어난 것이 료안지의 석정, 그 단순함 정갈함 지극한 영성의 아름다움이었다. 료안지 석정에 영감을 받은 서양의 사상가 문학가 예술가 건축가는 세계에 부지기수로 많다. 대통령 MB와 일본 노다 요시히코 野田佳彦 수상과의 어설픈 역사논쟁으로 끝나버린 한일정상회담도 2011년 거기에서 있었다.

경주 하면, 하도 들어 불국사는 그저 한 번 정도 돌고 다른 신기한 것을 찾게 되듯 나도 교토에 가면 색다르고도 신비하고 독특한 것에 매료되었다. 료안지에는 사람도 많지만 나는 봄에 한 번 석정원의 그 유명한 흙담 바로 뒤에서 피어나는 커다란 수양벚꽃枝睡れ櫻을 보러 가는 정도다. 봄마다 발걸음을 했으나 늘 며칠 이르거나 늦어 그것이 활짝 만개한 건 여직 보질 못했기 때문이다. 나무가 굵고 크면 꽃망울 터지는 것도 시간이 많이 걸렸다.

료안지의 위대함에 대한 이야기는 그렇게나 들었어도 그곳 단풍 이야기를 들은 적은 별로 없다. 교토는 서로가 자기네가 최고 단풍이라고 우기곤 하여 소문 적은 가을의 료안지까지 가게 되지는 않았었다.

그러던 2015년 초겨울 어느 날, 대학의 90분 간 고대문학 학기말 시험을 치고는 띵한 머리로 집에 걸어가는 대신 학교 앞에서 집어 탄 버스가 마침 료안지 행이었다.
유명 명소들 가는 직행 버스가 많았으나 학교를 다니는 동안은 시간이 되질 않던 때였다.

수양벚꽃 터널에 복사꽃 버드나무 소나무 갈대숲, 그리고 단풍나무도 푸르른 잎사귀는 많이 보았으나 가을 단풍이라고 다 좋을 수도 없고, 좋아도 워낙 경내에 자랑거리가 많으니 거기에 끼지 못했을 수도 있다.

가 보니 두 번째 나의 생각이 맞았다. 져 내리고 있어도 운치 있고 아름다웠다.
지난해 12월 그 생각이 나, 다시 거기에 도착하니 닫기 15분 전. 교토의 사찰이나 정원은 5시에 닫는데 4시면 슬슬 닫을 채비를 한다. 입장권 파는 박스도 닫히고 료안지 대문도 닫히고 아무도 안 보이는데 쪽문만이 열려 있다.

그 경내를 한 바퀴 둥글게 걸어 나오려면 시간이 꽤 걸린다. 짧은 시간이어 좌측, 거꾸로 나오는 곳으로 계단을 올라서니 물로 늘어지는 단풍나무 가지가 경용지鏡容池 큰 연못을 끼고 길게 길게 이어진다. 굵은 나무들이다. 평시 걷던 길을 반대로 걸으며 해질 무렵, 붉은 꽃만 같은 단풍 잎을 선물로 바라보며 걸음걸음 폰에 담는다.

경내를 돌고 나오는 중동 커플이 마주 온다. 무슨 언어를 쓰는지 모르겠으나 입으로 눈짓으로, 우리는 그 감격의 순간에 일심이 되었다. 중동에 대한 편견이 행여 있었다면 다 사라진 순간이다.

대학 졸업 후에도 이런저런 일로 타이밍을 맞추어 한 해 몇 번을 교토에 갔었다. 비행시간이 부산보다 가까운 느낌이다. 그러던 게 허리 통증으로 올가을은 미국행과 교토행이 다 캔슬되었다.

지금 교토 단풍이 한창일 텐데, 11월 29일 동지사대同志社大學를 창립한 '니이지마 조新島 襄' 기일에 산중 묘소를 동창들과 올라야 하는데, 아쉬워하며 지난해 그 산에서 내려와 걸어갔던 에이칸도永觀堂 사진과 글을 최근 3언어로 써서 세계로 보내니 이 어수선한 세상에 그걸 기뻐하는 이도 있어, 연못 물속 스스로의 모습을 보며 자꾸만 그리로 들어가던 료안지龍安寺의 불타는 단풍잎 생각이 났다.

료안지에 가을 물이 드니 고요함과 영성이 더해졌다.
계절은 실로 우리 작은 인간에게 크나큰 영향을 준다.

찍어놓은 사진이 아까워 얼마 전 '료안지' 글을 써놓았는데 아무리 찾아도 그 글이 보이지 않는다. 사라진 것이다.
제일 한탄스런 순간이다.

감격이 사라지기 직전 써놓은 건데 그때 받은 영감은 무엇이었을까. 지난해 이 무렵 료안지龍安寺 가 물들어 온 우주가 불타오르는 듯했던, 고요하면서도 지극히 화려하던 품위의 그 장면을 떠올리며 다시 또 써본다.

아름다움의 깊이를 알아보던 중동 커플의 눈빛도 보인다.

꿈이었던가.

      굵은 나무 속에 꿈틀거렸다
      굵은 생명이
      그 깊은 靈이

      료안지 가을에 물이 들면

# 키타노덴망구北野天滿宮의 개울

지금은 생각이 좀 바뀌었지만 아니 해마다 바뀌지만, 몇 해 전까지만 해도 누가 '교토의 3대 단풍 명소를 꼽아 주십시오' 하면 수많은 중에 아라시야마의 호공잉寶嚴院 천왕궁이 불에 타서 살았던 쇼렝잉靑蓮院 키타노덴망구北野天滿宮를 뽑았었다.

그만큼 키타노덴망구北野天滿宮 제철 가을의 풍경은 높낮이를 따라 그윽히 아름답고 매력적이어 일단 들어서면 누구나 거기에 빨려 들어가지 않을 수가 없다.

'이승신과 함께 하는 교토 여정'으로 롯데관광에서 단풍 절정에 교토에 갔을 때에 내가 꼽은 12군데를 보였는데 그중 키타노덴망구를 1위로 꼽은 분도 몇 되었다.

함께 한 가이드는 처음 듣고 보는 곳이라고 했다. 28년 교토 베테랑 가이드라는데 내가 뽑은 12곳 거의가 처음이라고 했다. 지금은 이해가 되는 게, 예를 들어 경주를 본다고 하면 보통 불국사, 첨성대부터 보게 되니까. 그러나 실제로는 안 보고도 본 듯한 흔한 곳보다 더 매력적인 곳이 어디에고 숨어있기 마련이다.

여러 해 전 네네노미치 길 료칸에 머물 때 고다이지에 가 보라고 입장권을 준 서점 여주인이 상당한 장거리를 택시로 나를 데려가 큰 사찰 엔랴쿠지延曆寺를 선물로 보여 준 적이 있는데 단풍을 보려거든 키타노덴망구北野天滿宮를 가보라고 했었다. 시내 서북쪽으로 가까운 거리다.

큰 기대 없이 가서는 꽤 긴 입구를 걸어 들어갔는데 왼편으로는 단가 詩와 그 작가들의 얼굴을, 거개가 천왕이었는데, 그걸 그린 액자가 여러 개 붙어 있었고 맞은편으로는 유난히 금빛 장식이 빛나는 본전이 보였다.

단풍 철이어 거기서 입장권을 사 왼편으로 들어가니 곱게 물든 키 큰 단풍나무들이 나온다. 그 예쁜 단풍길이 자연스레 아래로 내려가게 되더니 거기에 실개울 물이 흐르고 양 켠에 물 쪽을 향해 늘어진 단풍들이 가로수로 길게 늘어선 로맨틱한 길을 만나게 된다. 아래로 아래로 연결되는 개울 따라 걷는 그 단풍 장면은 입구 들어설 때는 전혀 상상하지 못한 것으로, 누구나 그 길에 들어서면 스스로 영화 속 주인공이 됨을 느끼게 된다.

거기 배인 역사를 전혀 모른 채 풍광부터 보게 되었으나 400년이 넘는다는 단풍나무 팻말이 나오고 곳곳에 도요토미 히데요시豐臣秀吉가 만들었다는 교토 토성 벽이 가지런히 길게 연결이 된다. 장대한 설치미술이다.

역사를 보니 947년, 천년도 훨씬 넘은 세월에 지은 것으로 학문과 공부의 신을 모시어 수험생 학생과 부모들이 가고 싶은 학교 이름을 써내며 기도하는 곳이라 했다.

5세에 단가를 짓고 열 한 살에 한시를 지었다는 헤이안 시대平安時代 대표적 학자요 정치가인 스가와라노미치자네공菅原道眞公을 일본 역사상 인간으론 최초의 신이 되었는데, 그의 뛰어난 재능과 실력을 닮고 싶어 스가와라를 모시는 진자神社가 전국에 만 이천 개나 된다고 한다. 그 최초 발상지가 바로 교토의 키타노덴망구北野天滿宮요 거기가 총본산인 것이다.

천년 넘는 역사이니 왕실을 비롯해 조정과 무가 상인들로부터 봉납된 많은 보물이 지금도 간직되어 있는데 그 중 키타노덴진엔기에마키北野天神緣起繪卷는 수많은 두루마리 그림 중에도 특별하여 국보가 되었고, 고문서 도검 마키에 蒔繪 병풍 같은 미술사적으로 가치 높은 예술품 다수가 거기에 수장되어 있다.

화재로 불탄 본전을 빛나는 장식 조각 화려한 색채로 호화롭던 모모야마 시대桃山時代 특유의 디자인으로 1607년에 지은 것도 도요토미 히데요시였고 역시 국보로 되어있다.

단풍 철 350그루의 단풍나무가 흐르는 물길 따라 늘어선 이곳에는 일본 천하를 최초로 통일한 도요토미 히데요시가 당시의 수도인 교토의 중심을 감싸듯 쌓아 올린 오도이御

土居 라는 토성이 남아, 국가 사적史蹟이 되어 역사와 자연이 일체가 된 그들의 정서를 보여주고 있다. 서울 같으면 사대문 안을 토성으로 쌓은 것과 같은 것이다.

단풍으로 인상 깊었던 키타노덴망구였는데 2015년 말 동지사 대학 다닐 때, '만엽집萬葉集' 고대문학 수업 중에 야마무라 쿄이치山村 교수가 '오늘은 12월 24일 크리스마스이브인데 크리스천 대학임에도 공휴일이 아니네요. 25일엔 키타노덴망구 입구부터 장이 열리니 가보라'고 했다. 다음 날 가니 경내 주변 일대에 식품 잡화 고문서 차 도구 공예품 가구 노점들이 줄지어 섰고 사람들이 붐볐다. 스가와라의 생일인 25일마다 그렇게 장이 선다고 한다.

아니 그런데 이게 웬일인가. 12월인데 분홍 흰색 붉은색 매화가 여기저기 활짝 피어 있었다. 매화는 벚꽃보다 좀 이른 2월에 피어나는 거로 알고 있는데, 온난화 환경 탓인 듯하다. 2월 25일이면 일본 전국에 생중계하던 매화 축제가 생각이 나, 일하는 이에게 물었다. 매화 축제는 일본 어디서 하냐고. 키타노덴망구라고 했다. 바로 거기가 전국 굴지의 매화 명소인 걸 그제서야 알고 놀랐다.

일 년 내 닫히는 매화 정원梅花庭園은 그때에나 오픈을 한다고 했다. 성탄절에 피어난 예쁜 매화의 일부를 보았고 아직은 그 축제 날에 맞춰 가보지 못했으나 800 그루가 갖가지 색으로 피어날 테니 장관이겠고 그 향만 해도 천지가 진

동될 것이다. 그 날은 교토의 유명한 게이코 마이코藝舞妓가 참배객들에게 말차와 과자를 직접 제공해준다고 한다.

평시에도 다 돌아보고 나오면 차와 모찌를 대접하는 공간이 끝에 자연스레 나와 잠시 쉬어가게 된다. 물을 끼고 꼼꼼히 가지런히 400년 전 쌓은 이끼 낀 토성과 거기에 늘어선 꿈같은 단풍을 음미하며 차 한 잔 모찌 떡 대접받는 게 흐뭇해 한국에 단풍이 다 진 11월 말쯤 교토를 가면 그래서 찾아가는 곳이 키타노덴망구北野天滿宮다.

실로 단풍 구경의 절정이다. 거기에 1, 2월에 피어나는 매화의 독특한 매력까지 더하면 무슨 말을 이에 더하랴.

큐교도의 엽서

# 큐쿄도의 엽서

다시 한해가 지고 있다.
연말이면 써 보내던 엽서 생각이 난다.

엽서라니, 구시대 유물 같게만 들릴 것이다.
나도 전엔 손편지나 엽서를 가까운 이에게 꽤 써온 사람 축에 들지만, 디지털 세상이 되어 버렸다.

그것이 큐쿄도鳩居堂 덕분에 연말 엽서 정도는 다시 쓰는 계기가 되었다.

교토京都에서 수학을 했고 그 후로도 가끔 가는 나로서는 처음 가는 사람처럼 교토에서 물건을 사오는 경우는 거의 없다.

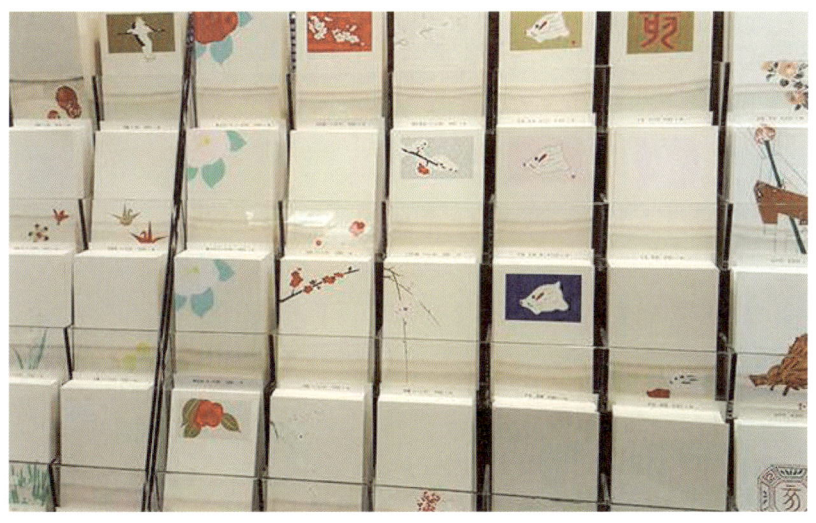

그런데 일찍이 스무 살에 동경 긴자銀座 중심 자리에 당시는 상점 이름도 잘 몰랐으나, 들어가니 카드 엽서 필기구가 특별하여 산 기억이 있다. 그 후에도 동경을 가게 되면 10층은 됨직한 높은 건물 층층이 진열된 여러 문구 제품들, 특히 카드 엽서 편지지를 보는 게 즐겁다.

교토京都에도 큐쿄도鳩居堂 널찍한 문구점이 눈에 띄어 가기 시작을 했다. 내가 첨 접한 곳은 동경이었는데 알고 보니 1663년에 생긴 교토가 큐쿄도 본점이었다. 일본에 역사 깊은 상점이나 회사는 고도古都인 교토가 본점이고 동경이 지점인 곳이 꽤 된다. 교토가 1100년을 수도이다가 동경으로 이전한 게 겨우 150년 전이기 때문이다.

'일본 전통문화를 지키고 양성할 것'을 기본이념으로 한다는 말을 듣고 보니, 350년 그 전통을 후세에 전하고자 하는 가치 있는 상품들로 보여 눈에 더 들어온다.

이름부터가 큐쿄도鳩居堂 '비둘기가 사는 집'이다. 비둘기는 사랑의 상징이기도 하지만 예부터 평화의 메시지를 입에 물어 전하던 평화의 상징이 아니던가. 엽서와 편지지를 접하는 문구점에 딱 들어맞는 기발한 상호다.

교토 시내 테라마치寺町 상가 속 유명한 사찰 혼노지本能寺 바로 앞에 있는 그 상점에 발을 들이면 종이와 먹 냄새가 풍긴다. 카드 엽서 카렌다가 계절마다 새로운 디자인으로 나오는데 하나같이 고급스럽다. 일본 제품이 그러하나 보기만 해도 일본 냄새가 나는 게 있고 150년 전 일찍이 서양문명을 공부한 그들이어 서양적인 모던한 것도 많은데 대게는 거기에 자기네 독특한 면을 가미하고 있다.

붓도 수많은 종류이고 벼루, 먹, 연적, 향에 서예 도구,

수묵화도 여러 문양과 재미있는 디자인들이다.

가을에 가면 미리 나온 연말 엽서 디자인에, 십이간지十二干支 중 다음 해의 동물 그림을 응용한 엽서도 보인다.
짧은 시 한 줄, 붓으로 써 보내려 그 엽서와 편지지를 사기도 한다. 예쁘게 포장한 걸 받아들고 나오면 마음이 흡족해진다.

어려서 초등학교 마치고 집으로 돌아오는 길에는 미국서 온 거라며 광화문 땅바닥에 크리스마스 카드가 잔뜩 널려 있어 앉아서 구경하곤 했었다. 그러나 이젠 연말연시 가끔 카드 오는 거 보면 정겨운 말 한마디 없이 회사 직인이 찍힌 무미건조한 것들이다. 어여쁜 디자인이 없어서일까, 비용 절약인가. 개인적인 건 이제 인터넷 디자인의 몫이 되었다. 건조해진 삶이다.

그러나 전통의 많은 분야를 지켜오는 일본에서, 오랜 역사의 큐쿄도鳩居堂 문구엘 가면 손편지 안 쓰는 시대임에도 사람들로 그득하다. 강요하는 이 없지만 사지 않을 수 없고, 산 사람들은 거기에 따뜻한 마음을 전하는 글과 받을 상대를 떠올리며 손으로 써서 보낼 것이다.

큐쿄도鳩居堂 로 세상 한 편은 조금 덜 건조해질 것이다.

　　　이메일 문자 시대

　　　붓끝으로 전하고 싶네, 엽서에

　　　이 마음

교토 큐쿄도에서 구입한 연적

# 갤러리 가든 카히츠칸何必館

교토의 번화가 기온祇園 대로는 2키로로 길게 이어지는데 양 길을 사람들이 많이 걷고 걷는다. 하나같이 특색 있고 흥미로운 가게가 늘어서 있다.

그 길에 어울린다고 할 순 없으나 나같이 미술관과 갤러리를 좋아하는 사람의 눈길을 끄는 곳이 하나 있다.

번잡한 가게들 사이, 좁은 입구 윈도우에 사진을 붙이고 사진 전시를 하고 있었다. 이름이 카히츠칸何必館이라 했다. 갤러리에 천 엔 (11000원) 입장료를 받는 것도 이상

했고 들어가니 아담한 공간인데도 엘리베이터로 4층부터 오르는 것도 특이했다.

그러자 오른 4층에 신선한 광경이 펼쳐진다. 한 면에 보이는 두어 평 남짓 초록 가든이 눈을 시원하게 해주었다. 두툼한 잔디에 두 개의 검은 돌이 박혀있고 늘씬한 단풍나무는 둥그렇게 뚫린 유리 천정으로 햇살을 받고 서 있다.

사진 전시를 봤는데 유명 광고에서 보던 세계적인 오리지날 사진 작품들이 그곳 소장이라고 했다.

그 후 기온 대로를 걷다가 쉬고 싶으면 천 엔을 내고 그 갤러리 가든에 올라, 벤치에 앉아서 그 정원을 가만히 바라본다. 그 집 역사를 알려고 하지 않은 채, 녹빛 잔디와 나무를 그렇게 바라보았다.

그러다 그곳의 진가를 본격적으로 알게 되는 날이 마침내 왔다. 하루는, 그 앞을 지나는데 일본 근대 3 화가의 전시 포스터가 붙어 있었다. 그중 하나인 동백 꽃잎을 그린 커다란 도자기가 눈에 익어 들어갔다. 그것을 만든 작가 이름은 키타오지 로산진北大路魯山人 이다.

먼 유럽 인상파 화가들이 좋아 공부한 적은 있으나, 이웃 나라의 화가는 잘 모르던 때였다. 벽에 붙은 설명을 보니 쇼와昭和 시대에 활약한 화가들이다. 수많은 시문詩文을 남긴 화가 야마구치 카오루山口薰 (1907~1968)의 한 줄 시, 단가가 그림과 함께 걸려 있고 '시혼詩魂 화가' 라고 했다. 미술평에 나오는 말이다.

그 평이 아주 수려한 문장인데 그걸 쓴 이가 미술평론가요 수필가로 예술 수집가로 유명한 '梶川芳友카지카와 요시모토'로, 바로 그 카히츠칸을 세운 사람이다.

아담한 갤러리로 알고 있던 공간은 유명한 '교토 현대 미술관'이었다. 일본 미술을 대표하는 무라카미 카가쿠村上 華岳, 야마구치 카오루山口薰, 키타오지 로산진北大路 魯山人 근대 화가들의 작품을 중심으로 근현대 회화, 도예 책, 사진을 폭넓게 소장하고 있고 1981년 교토 기온에 개관하여 세계의 작품을 기획 연구 전시하고 있었다.

카히츠칸何必館이 지향하는 이념은 기성 회화의 틀을 넘어 자유로운 영혼을 지녔던 화가, 무라카미 카가쿠村上華岳의 정신과 통하고 있다. 그는 근대 일본 미술을 대표하는 화가다. 아름다움을 품은 그의 묘선은 자신의 감성과 무한한 정신력이 보인다. '회화제작은 밀실의 기도'라고 했다.

카히츠칸, 교토 현대미술관을 세운 카지카와 요시모토梶川芳友가 그의 방대한 콜렉숀의 중심이 되는 3 화가를 묘사한 평 중, 키타오지 로산진北大路 魯山人을 언급한 것이 인상적이어 여기에 덧붙인다.

'좌변사우坐辺師友(ざへんしゆう)'라는 말을 나는 좋아하는데 그건 '키타오지 로산진北大路 魯山人'의 세계를 완벽하게 파악한 말이다. 주변의 생활공간, 주변에 있는 것이야말로 스승이자 친구라는 의미다.
로산진은 안목을 단련하기 위해 뛰어난 미술품을 주변에 두고 구사함으로 선인들 생각을 배우려 했다. 그에게 있어선 자유로이 그 마음을 배우는 것이 최상의 수행이었다.

일상에 어떤 것을 주변에 두는가가 생활관을 확립하는 주요한 요소가 된다. 뛰어난 것에 둘러싸여 생활하면 자연스레 그 마음을 배우게 된다. 주변 환경에 의해 사람이 만들어지는 것이다.

'미美'란 추상적 관념이 아니라 생활 속에서 구체화되어야

만 의미를 가지게 된다. 로산진의 그릇에는 사람의 마음을 파고드는 이상한 힘이 있다. '동백나무 사발'은 로산진 도예 중 가장 큰 작품으로 직경이 40cm나 되며 대단히 기품 있는 작품으로 평가받고 있다.

로산진이 인간을 판단하는 기준은 '아름다움 美에 대한 안목의 유무'다. 그건 그의 절대적 가치관이다. '세상을 조금이라도 아름답게 만들어 가고 싶다. 내가 하는 모든 일은 그것의 자그마한 발로'라고 했다.

그는 일생 '안목 높은 사람과의 만남'을 추구했다. 로산진의 강렬한 비판 정신, 그것은 그저 정통적 작품에 빠진 창조행위에 힘찬 생명을 되찾기 위한 Key가 아닐까.

인간은 정설定說에 구속당한다. 그러면 자유를 잃게 된다. 카何 어찌, 히츠必 꼭, 그렇게, 반드시 란 의미인가.

학문이든 예술이든 어찌 정설만을 받들어야 하겠는가. 그걸 넘어 자유로운 정신을 계속 갖고 싶다는 마음에 카히츠칸何必館 이라 이름 지었다고 한다.

아름다움에 기여했으면 하고 지은 이름일 것이다. 미술과 녹빛 정원의 단풍나무 한 그루, 거기에 다다미방까지 갖춘 '일본다움'의 아름다움을 그가 세운 교토 카히츠칸에서 본다.

# 가와바다 야스나리의 히이라기야柊家

히이라기야 료칸柊家旅館은 전설이다.

일본 전국의 수많은 료칸 중 'Top 3'로 뽑히기도 하지만 내가 보기에는 탑 중의 탑이다.

료칸은 오래된 일본 집이어 방이 많아야 여나믄 개이나 이곳은 28개나 쓰는 큰 규모의 집이다. 히이라기 이름은 예전 악귀를 쫓고 행운을 부른다는 호랑가시나무에서 왔다.

1818년에 지어진 에도 시대 가옥으로 전통과 기품, 그 친절함이 일품이지만 첫 노벨 문학상을 일본에 안겨준 대문호 가와바다 야스나리川端 康成가 자신이 머문 료칸 중 가장 사랑한 곳으로 꼽는 것으로도 유명하다.

여러 해 전 갑자기 어머니가 가시어 정신이 번쩍 들었을 때 동경으로 가서 기차 타고 찾아간 곳은 북쪽의 에치고 유자와越後湯澤였다. '긴 터널을 지나니 설국이었다. 밤의 밑바닥까지 하얘진 듯했다' 그의 대표작 '설국雪國'은 이렇게 시작된다. 그가 머물며 썼다기에 일부러 찾아가 그 료칸에 묵은 적이 있는데 그곳과는 격의 차이가 크다.

교토 시내 한복판에 위치하고 있는데 길다란 흙담부터가

가와바다 야스나리가 글을 쓰던 방

에도 시대의 향수를 불러일으킨다. 그 입구에나 입구를 들어가서도 역사의 격이 한 치의 오차가 없어 보인다. 예약 없이는 보여주지 않는 곳도 많은데 소문 듣고 찾아가 명함을 보이니 가와바다 야스나리가 자주 머물며 글을 썼다는 16호실로 안내해 준다.

넓다란 다다미방에 우아한 도코노마床の間가 보이고 마주하는 테이블이 있고 양면의 큰 창으로는 푸른 정원이 보였다. 한 나라에서 숭앙받는 작가가 사랑하고 실제 앉아서 글을 지은 방이라니, 글 쓰는 사람으로 마음이 차올랐다.

가와바다 야스나리川端 康成는 교토와 오사카 사이쯤에서 태어났는데 어려서 온갖 불우한 건 다 겪은 듯하다. 태어나고 얼마 되지 않아 부모를 잃고 할아버지 손에 자랐는데 곧이어 할아버지마저 가고 누나도 가고 의 연속이었다. 많은 평론가들이 그런 비참한 환경에서 어떻게 그런 수준 높은 안목과 발상을 가지게 되었는가를 연구한다고 했다.

그런 안목을 흡족시켜 준 것의 한 예가 히이라기야柊家旅館 일지도 모른다는 생각을 해본다.

그곳은 메이지 시대 왕족과 문인들이 찾았고 지금도 세계적인 명사나 문인 예술가 지휘자 감독들이 머물고 있다. 가와바다 야스나리가 추천하여 등단한, '금각사'로 명성 있는 소설가 미시마 유키오三島 由紀夫도 자주 찾은 곳이다.

방 체험을 하고 글도 써보고 싶은 마음에 일 년 후나 예약이 된다고 해 이름을 올렸다. 동지사대 일정이 상상 이상이었는데, 하루는 전화가 와 다음 주에 오시느냐고 했다. 카렌다에 빨간 동그라미를 쳐놓았었다. 그랬지, 벌써 그 날이 왔구나. 그때는 마침 학기말 시험이기도 하고 학생 신분으로 그런 비싼 곳에 머문다는 것도 뭐해 미루었다.

졸업 후 귀국했는데 다음 해 그곳에 묵을 기회가 왔다.
적십자 총재를 지낸 김성주 MCM 회장의 초청으로 동경의 세계여성정상회의 GSW 참석과 교토를 가게 되었다. 그는 동경 긴자의 중심 노른자 자리에 MCM을 여러 층 오픈했고 교토에도 관심이 있는 중, 뉴욕에서 뉴욕 타임즈에 '교토에서 가보아야 할 곳 1위'로 히이라기야 료칸이 눈에 띄어 뉴욕에서 예약했다는 것이다.

갈 곳은 가게 되어 있는가 보다.
허리 깊숙이 몇 번이고 숙이며 절하는 나카이가 우리를 방으로 안내하고 진한 녹빛 말차를 따른다. 나갔다 올 때마다 차 대접이다. 메이지 시대의 고즈넉한 분위기에서 차를 들고, 비좁으나 정겨운 2인용 삼나무 욕조에 물을 내려 함께 몸을 잠그고 식사를 하고 펴준 푹신한 이부자리에 들어가 늦도록 이야기가 이어졌다.

사흘이 지나서야 작은 디테일에 세심히 신경을 쓴 그곳에 TV가 없다는 걸 알아차렸다. 그 분위기를 해치지 않기 위해서였겠지만 그걸 신경 쓸 틈이 없었다. 도심 한가운데 위치하는데 그 안은 마치 깊은 산사처럼 고요한 평안이 흘렀다.

문인이 고심하며 글을 짓던 탁상 – 교토 히이라기야

짐을 꾸려 나오니 6대째 내려온 여주인 니시무라 아케미 西村明美씨와 94세 어머니, 그의 딸 3대가 깊이 절을 하며 200년이 넘는 역사의 품위를 보인다. 다시 오게 하고 싶도록 손님에게 최대의 정성을 들인다는 게 그들의 모토라면 매우 성공적이다.

안목 높은 가와바다 야스나리川端 康成와 미시마 유키오三島 由紀夫 일본의 두 거인 문인이 그곳에 애착을 가졌던 걸 봐도 그걸 알 수 있다.

노포老鋪 료칸 히이라기야柊家는 숙박소라기보다 일본의 전통을 보이고 고급 브랜드의 절정을 접할 수 있는 본령이다.

NHK TV에서 미국의 유명 학자가 매해 한 번씩 일주일 히이라기야에 머무는 다큐를 보이는데, 일 년을 기다려 그곳에 가서 누리는 게 자신에게 주는 최대의 힐링 선물이라고 했다.

나도 다시 가보고 싶어졌다.

'옛 일본의 고요함을 애달프게 다시 떠올린 곳은…
 히이라기야柊家 에서였다'

가와바다 야스나리川端 康成

MCM 김성주 회장과 바라보는 가와바다 야스나리 방의 정원

# 도라야とらや 양갱

'손호연孫戶姸 프로젝트'와 일생 헌신하신 한일우호 관계의 일을 정부나 더 전문가가 하길 바랐으나 갑자기 어머니 가시고는 할 수 없이 내가 그 바톤을 이어받으며 일을 할수록 한탄한 것이 하나 있다.

일제시대 일본 대학 대학원을 나오신 아버지 어머니가 어린 나에게 영어만이 아니고 일어도 공부해야 한다는 말을 왜 하지 않으셨을까. 대학을 서울에서 나오고는 미국에 유학 가 오래 있었던 나는 일어가 꼭 필요한 건 아니었다.

부모님 일본 동창들이나 변리사회장인 아버지의 일본 고객들이 집으로 오면 일어로 대화하는 게 간간히 들렸으나 관심이 없었고 식사 후 아버지가 '우리 딸이 노래를 하겠습니다' 하면 어린 나는 순종하여 기타로 노래를 했다.

평양사범을 장학생으로 졸업하면 학교에서 2년을 가르쳐야 하는 책무로 만주에서 보우 타이를 매고 음악을 가르치셨던 아버지가 집에서 피아노를 치며 가곡들을 일상에서 부르셨는데 손님들 여흥은 내가 한 것이다.

생각할수록 그때 내가 일어를 익혔으면 속도가 빠르고 후에 일하는데 도움이 됐을 텐데 하는 생각이 매번 든다. 그러나 당시 한국인이 흔히 쓰던 몇 단어는 두고두고 기억이 나는데, 후에 보니 그게 일어였다. 다라이 오뎅 뎀푸라 다마 요오깡~ 그렇다, 거기에 요오깡이 있었다.

그 말들은 대야 어묵 튀김 양갱羊羹 보다 귀에 익숙하다.

동경에 처음 가 묵은 호텔 로비 한 벽에 요오깡이 전시되어 있고 하얀 천에 도라야とらや라고 쓴 굵직한 붓글씨와 빨간 회사 마크가 눈에 띄었다.

그건 아버지가 동경 출장에서 사 오신 것들이기도 하다. 후에 보니 데이코쿠帝國 호텔 뿐 아니고 긴자銀座, 롯봉기六本木 힐즈, 미드타운 등 동경의 고급 상업지에만 도라야

점이 있었다. 1520년 교토에서 시작된 도라야는 1869년 동경으로 천도할 때 옮겨왔고, 지난 500년 간 왕실에 요오깡과 생과자를 대온 유명 노포老鋪(시니세) 다.

교토에서 공부할 때 동지사 대학 근처이자 옛 왕궁 고쇼御所 앞에 있는 긴 도라야とらや 숍을 지나며, 동경서 보아온 그 도라야를 그리던 적이 있다. 그게 교토 창립인 걸 모르던 때였다.

도라야가 왕실 거래로 올리는 매상이야 별 게 아니겠으나 그것으로 올리는 '최고급 브랜드' 가치는 별난 것이다. 도라야とらや 하면 왕실을 떠올릴 테니까.
매출도 대단하나 그들의 그런 고급 이미지 유지를 위한 노력은 더 대단하다.

1980년 파리에 도라야 점을 냈고, 도라야 카페에서는 단팥 한천 등 동양 소재로 하여 아이스크림 푸딩 서양적인 걸 조화시킨 제품을 만들어 낸다. 그 역사도 비슷한 업종 중에 처음이지만 전시된 '도라야 문고とらや文庫'를 보고는 놀랐다. 전통 과자와 연관된 좋은 서적들과 문구 등 많은 제품을 만들어 내고 있었다.

나도 한 권을 일본 친구에게 선물로 받았다. '일본 과자를 사랑한 사람들'이라는 제목의 예쁜 책 속에는 역사적인 영웅과 인물들이 특별히 사랑한 도라야 제품 하나하나의

역사와 스토리가 사진과 함께 재미있게 쓰여져 있다.

'전통은 혁신의 연속이다'
오래된 시니세老舗 기업들이 자주 인용하는 이 멋진 모토를 처음 만들어 낸 것도 17대째 내려오는 도라야다.

왕실 이야기가 나와 조용히 처음 발표를 한다.
2011년 3월, 일본에 거대한 쓰나미가 나고 연일 엄청난 인명피해를 보며 어머니를 떠올렸었다. 저들이 사랑하는 시인이 강렬한 한 줄의 시로 위로를 한다면 그들에게 힘이 될 텐데, 마음이 가까워질 텐데 하며 안타까워했다.

일본서 오는 전화에 누군가가 '이 선생이 해보시라'고 했다. 그건 불가능한 일이어서 웃었다.

그러자 한두 번의 뉴스가 아니고 매일매일 종일이어 하나 하나 메모해 본 것이 며칠 새 250 수가 되었다. 일본 아사히 산케이 신문에 NHK TV에 모녀시인 소개와 함께 나의 단가 詩들이 인용되고, 신문사로 TV로 라디오로 시인의 나머지 시도 보여 달라는 전화가 연일 온다고 했다.

정말 어려운 작업이었지만 도움을 받아, 그렇게 서울과 동경에서 단가와 현대시, 다른 형태로 두 권의 책이 나왔고 몇몇 경로를 거쳐 천왕의 손에 들어갔다고 일본 대사와 일본 문화원장이 2012년 나에게 전해주었다. 궁내청宮內廳 최고위직에게 갔으니 하루에도 수시로 뵈는 천왕에게 전해졌을 것이라고 극히 조심스레 말했다. 한 3년 조용히 계시면 후에는 알려지지 않겠는가 라고도 했다.

일본 천왕은 양갱 뿐 아니고 양복 등 여러 곳과 연관이 있고 선물들이 오겠으나 책은 받지 않는다고 한다. 아키히도 明仁 천왕 부부가 시인인데다 워낙 책을 좋아하고 출간되는 책이 세상엔 많으니 원하는 책들을 사 본다는 것이다.

엄청난 쓰나미로 몇만 명이 한꺼번에 간 슬픔에 잠겨 있을 때에, 인접국인 우리의 진솔한 마음이 전해졌으면 하는 마음이 일본 국민의 대표 격인 천왕에게 전해진 것을 보람으로 생각한다.

당시 미국이 제일 큰 기부금을 냈고 두 번째가 프랑스였으며 우리나라도 꽤 전해주었으나 그런 따뜻한 마음을 표현해 준 한국을 진정 고맙게 생각한다고 말해 준 일본인도 있었고, 88수를 수첩에 적어 수시로 외우고 다닌다는 사람도 보았다. 문학을 사랑하는 국민다운 모습이다.

'3중의 대참사를 겪고 있는 일본에 대해 누군가 예와 품위를 제대로 갖추고 위로하는 사람이 우리나라엔 나오지 않는 것인가 궁금하게 기다렸는데 바로 이승신 시인이 그 일을 해냈군요' 받은 반응 중에 최정호 선생의 편지다.

작금의 한일관계를 생각하면 암담하나 그 생각을 하면 이웃 나라와의 관계가 좋아질 것이라는 믿음이 생긴다.

도라야とらや는 그런 이미지에 수익 창출마저 엄청나지만 그런 수익은 고사하고라도 이웃과 갈등 없이 서로 잘 되었으면 하는 한결같은 마음을 나는 항상 지니고 있다.

# 수이란翠嵐 아라시야마嵐山

몇 해 전까지가 좋았다.
교토에 외국인 관광객과 내국인이 적당히 섞여 있었다.
아무리 좋은 곳이라도 너무 한산하면 적적할 테고 사람이 넘쳐도 그것도 문제이기 때문이다.

언제부터인가 일본에 중국인들이 쏟아져 들어온다. 교토 도쿄야 이름난 도시이니 이해가 되지만 어느 구석진 산간 시골을 가도 중국인들이 보여 놀랍다. 한국 사람도 오지만 한국 여행사 코스에는 교토가 반나절이나 하루다. 그러나 그건 아니다. 교토는 교토만의 스케줄로 와야 한다. 그만큼 볼 것도 많고 생각할 것이 두루 많기 때문이다.

교토 시내는 서울 같은 대도시에 비하면 아주 작아 시내 어디를 가도 금방인데 아라시야마嵐山는 시내 중심에서 버스로 30분 정도. 교토치곤 꽤 가는 거리다.

아라시야마 산 앞으로 가츠라桂 강이 흐르고 그것을 건너는 다리 이름은 '도게츠쿄渡月橋' 달이 건너가는 다리라는 뜻이다. 실제 그 위로 달이 뜨면 마치 강을 가로질러 달이 그 다리를 살살살 건너는 듯하니 잘 어울리는 시적詩的 이름이다. 사람 이름도 그러하나 도시나 다리도 작명이 중요하다는 생각이 그 다리를 건널 때면 매번 든다.

풍광이 좋아 옛 귀족들 별장이 있던 마을인데 그 일대 길은 언제든 사람이 엄청 밀린다. 인파에 휩쓸려 바로 앞의 물과 산을 제대로 볼 겨를도 없이 좌지우지 양쪽을 둘러보다 4시면 어둑해지니 가이드북에 올라 있을 세계문화유산인 텐류지天龍寺와 대나무 숲인 죽림竹林을 인파 따라 걷고 그곳 명물인 두부 요리를 들면 하루가 다할 것이다.

텐류지天龍寺 큰 사찰은 4월 초, 늘어진 벚꽃과 매화가 일품이고 단풍철만 여는 바로 그 곁의 보물 같은 정원, 호공잉寶嚴院은 교토 단풍 중에 내가 꼽는 최고봉으로 이미 글에 쓰고 영상으로도 만들었지만, '왜 교토인가 1' 책에도 자세히 들어있다.

그러나 그 아라시야마를 나같이 여러 번 와본 사람은 해가 어스름해 가는 4시쯤 와서 인적이 적어진 가츠라桂 강가를 걸으며 볼 곳 많은 중 두어 군데를 들린다.

그중 하나가 수이란翠嵐이다. 좌측에는 가츠라 강이요 우측으론 단아한 정원이 있는 고급식당 몇 개가 강을 바라보고 있는데 그 길을 끝까지 강 따라 죽 걸어가면 수이란 Suiran Kyoto, 우아한 입구 간판이 나오고 'A Luxury Collection Hotel'이라고 쓰여 있다. 세계적 호텔 잡지에 '가장 전망 좋은 Top View'로 꼽히는 곳이다. 하루에 3천

불. 지은 지 얼마 안 되는 웨스턴 스타일 호텔이다. 일본에서는 그러나 웨스턴이라도 일본의 독특함이 가미되기 마련이다.

처음 갔을 때는 입구의 제복 입은 남자가 예약이 없다고 막기에 그러면 강 앞에 따로 떨어져 있는 그 안의 찻집에서 커피라도 하겠다니 그것도 예약 없이는 안 된다고 해 기가 차 발길을 돌렸다. 그 뒤편을 돌아 살짝 오르막에 중국인들이 꼭 찾는 주은래 시비를 대신 보았다.

두 번째부터는 얼굴을 사귀어 잘 설득해 찻집을 들어가니 아 과연 'Best View'의 의미를 알 듯하다. 바로 코앞에서 바라보는 4시 반의 야경 아라시야마 산 보랏빛 조명이 짜릿하고 그 앞 내 발아래 알맞은 폭의 강물이 보드랍게 흐르고 있다. 찻집과 물 사이, 우아한 굵은 소나무들이 삼면의 창으로 산과 함께 보이니 우측으로 정원을 끼고 들어가는 방의 최고 전망이 바로 이것일 거라 짐작이 간다.

삼면의 유리로 보이는 것이나 물 앞 외부 의자에서 보이는 View의 어느 면을 바라보아도 낮이나 어둑해지는 저녁에나 매번 감탄사가 나온다. 미국의 뉴욕, 매사추세츠, 워싱톤의 좋은 곳을 한 달이나 본 직후다.
우아한 찻잔의 커피 값이 두 배 반이나, 3천 불이 아무렇지도 않다는 듯 손을 꼭 잡고 호텔 쪽으로 향하는 젊은 중국인 커플도 있으니 커피값을 불평할 수는 없다. 더구나 예약으로만 받는 찻집에 예약도 없이 들어오지 않았던가.

세계엔 먹을 것도 물도 없어 아사지경인 인구도 있으나 돈이 넘치는 부류도 있어 그들을 위해 세상 상급 전망에 이런 것을 만들어 놓은 것은 감사한 일이고 차 한 잔에 그런 고급 분위기를 접하는 것도 좋은 일이다.

그러나 나는 5시에 닫는 그 찻집을 나오며 입구 대문 조금 전의 이끼 잔디에 자칫하면 놓칠 뻔한, 가는 대나무로 된 가리개에 더 깊은 감동을 하게 된다. 있는 둥 마는 둥 둥글게 세워진 불과 몇 센티 키의 가리개로, 누구나 그냥 지나쳐 버리기 쉬운 것이다. 신비로운 단풍 조명이 눈을 끌어, 들어올 때는 발치 아래가 눈에 띄지도 않았다.

서울에 태어나고 살아 구청 시청 직원들을 좀 알고 있다. 서울을 걸으며 힐 뒤꿈치가 끼는 보도블록에, 미美와 거리가 먼 굵은 스텐레스스틸 손잡이, 투박한 시멘트 가리개 등 불만을 기회 있을 때마다 표했다. '이리 튀게 하지 말고 보이는 둥 마는 둥 꾸미지 않는 듯 꾸미는 게 좋은 거다'라고 말해주면 그건 돈이 많이 들지 않느냐고 한다. '그건 돈이 아니고 보는 눈이요 안목이요 마음이다, 창조된 자연에 인간의 손을 겸손히 아주 조금 대는 것이다. 오히려 돈이 덜 든다' 수도 없이 말해주었다.

비싼 이 최고급 호텔에 어마어마한 돈만을 들여 만들었을 거라 생각할 수도 있으나 이 자그마한 규격도 없이 살풋 꽂아놓은, 별것도 아닌 대나무 가리개를 보며 다시 또 느껴보는 저들의 세밀한 디테일이다.

아라시야마에 북적북적 줄 서 다리를 건너는 이들에게 해진 저녁 이 구석의 이런 자잘한 것이 보일 리 없다. 내가 아는 서울의 공무원들이 아라시야마에 온들 이런 것이 보일 리 없다. 그러나 그들이 와 보았으면 좋겠다.

지난 여러 해 말해 온 그런 미세한 것들을 작은 도시 교토의 구석구석에서 보며 휴우~ 긴 한숨을 내쉰다. 그러다

생각을 돌려 가라앉는 마음을 끌어올려도 본다.

우리는 언제 이렇게 하나, 한숨에 좌절보다는 이제라도 한 걸음 한 걸음 앞으로 나아가야 후대에라도 세계와 어깨를 나란히 할 것 아닌가. 세계 어디에서고 '하니 된다'는 그런 자신감 자부심을 우리 후대는 가지고 살아야 할 것 아닌가, 이제라도 시작을 한다면.

수이란翠嵐의 신비로움을 어느덧 캄캄해진 5시에 걸어 나오며 해본 생각이다. 그 바로 곁에는 제법 큰 규모의 '단가短歌 문학관'이 다소곳이 서 있었다.

# 하나이카다花筏 はないかだ

아라시야마嵐山에 가면 꼭 들리는 곳이 또 하나 있다.

하나이카다花筏溫泉 료칸이다. '이카다'라고 하면 뗏목이란 뜻인데 옛말인지 고상한 어휘인지 일본사람에게 이카다 라는 말을 쓰면 매번 아 하고 미소를 짓는다.

일본은 화산이 많은 나라여서 온천이 많고 일본식 여관인 료칸에는 거기 머무는 손님만 이용하는 온천이 있기 마련인데 아주 드물게 외부 손님을 받는 곳이 있어 그걸 '히가

에리日歸り'라 한다. 거기에 묵지 않고 온천만 한번 하고 나온다는 뜻이다.

우리의 관념으로는 호텔이 고급이어 비싸고 여관은 그보다 싸고 좀 허술한 것으로 알고 있다. 누군가 '어디 적당한 여관 좀 잡아주세요'라고 한다면 그건 '어디 싼데 좀 구해주세요'라는 뜻일 게다. 그러나 일본의 료칸(여관)은 호텔 이상의 고급 이미지로 가격도 더 비싸다. 일본 전통의 다다미방에 기모노를 입은 직원이 침구를 펴주고 접고, 무엇보다 손님 하나하나에게 극진한 친밀 접대를 한다. 아침과 저녁 식사도 나온다. 그래서 머무는 손님이나 그 안의 작은 규모의 온천을 할 수 있지, 료칸 온천물을 외부인이 누리기는 어려운 것이다.

아라시야마 중심에 있는 유명한 도게츠쿄渡月橋 다리가 끝나는 곳에 그런 료칸들이 옹기종기 모여 있고 그 입구에 '하나이카다'라는 료칸이 있다. 동지사대에서 공부하던 기간에는 시간이 부족하여 유일한 휴식으로 주말에 반대 방향의 구라마 온천을, 공부 꾸러미 끼고 전차 타고 갔었지만 대학 옆 내 방에서 거리가 꽤 되고 그것도 몇 번을 갈아타야 하는 아라시야마엔 잘 가지를 못 했었다.

하루는 거기에 갔을 때 료칸 하나하나를 찾아 들어가 히가에리日歸り가 되느냐? 고 물었고 마침내 온천만 할 수 있는 히가에리가 되는 '하나이카다' 하나를 발견해 냈다.

860엔 내고 그 료칸의 3층엘 오르면 온천이 있다. 작은

공간의 온천으로 몸 하나 들어가면 꽉 찬다. 관에 들어앉은 듯한 기분이 들기도 하나 물 온도가 꼭 맞고 포근해 기분이 아주 좋은 물이다. 그 물을 나와 속문을 열면, 같은 사이즈의 반만 가린 노천 온천이 있고 바람이 어디선가 산들산들 들어오는 게 그것 역시 일인용으로 사람을 기분 좋게 해 준다.

대강 걸치고 한 층을 더 오르면 4층 옥상, 하늘이 훤히 보이는 작은 노천탕이 있어 그것도 누릴 수 있다. 아주 사적인 나만을 위한 공간 같아 아라시야마에 가면 이용을 하는데, 오후 4시까지만 외부인을 받아 다른 곳을 둘러보다 시간을 놓치기 십상이다.

그럴 적엔 하나이카다에서 한 몇 분만 걸어가면 늦게까지 오픈하는 후후風風 라는 대중 온천이 있다. 사적인 느낌으로 포근히 감싸주는 기분은 아니지만 모던한 감각으로 널찍하고 밖에 노천탕도 있어 그것도 할 만하다.

짝은 이 온천 공간을 보면 오래전 일본서 나온 이어령 선생의 '축소지향의 일본인' 책이 떠오른다. 일본은 다른 나라에 비해 물건도 오밀조밀 작게 만들고 작은 공간을 활용하는 것도 감탄할 정도로 세밀한 면을 독특한 안목으로 부각해 일본에서 한동안 큰 화제를 불러일으켰다.

그러나 자세히 들여다보면 세계적 수준으로 큰 것도 일본에는 꽤 있다. 커다란 경기장, 공연장, 높은 건물들, 세계적 스케일의 사찰들, 거대한 절의 세계에서 제일 큰 대문 등 어마하게 큰 것도 생각하면 많이 있다. 그러나 많은 나라가 세계적이고 놀랍도록 크고 높게 하는 것 위주로 지향한다면, 일본은 지극히 작은 데서도 독특한 아름다움을 찾고 치밀하고 디테일하게 만들어내니 그런 면이 세계인 눈에 띄는 것일 게다.

교토는 온천으로 드높은 이미지라 할 수는 없고 볼 곳이 많아, 방문객이 며칠 있는 동안 온천을 찾게 되진 않을 수도 있다. 나도 교토에 공부하러 와서 반년이 훨 지나서야 교토엔 온천이 없느냐고 주위에 물었었다.

그러다 아라시야마에서 묵지 않고도 히가에리 日歸り로 할 수 있는 쾌적한 료칸 온천을 발견한 것이다.

근처에 하룻밤 30만엔 (3천 불) 하는 호텔이 있고 하나이카다 료칸도 하루에 3만엔 이상을 하니 머물 수 있다면 좋겠지만 그러지 못할지라도 860엔의 후로(목욕)는 맛볼 일이다.

겸손한 미美를 누리게 될 것이다.

작으나 흡족한 온천물에 몸을 담그면
아스라히 느껴지는 어머니의 자궁

# 보도블록을 걸으며

도쿄 긴자銀座의 보도블럭

보도블록을 걷거나 아스팔트를 차로 달릴 때면 떠오르는 생각이 있다.

지구 오대양의 바다와 물을 빼면 지구를 덮은 것은 흙인데 좀 편해 보겠다고 그걸 돌로 덮고 아스팔트로 덮어 버렸으니 꽝꽝 막혀 그 부분에 숨을 못 쉬는 지구는 얼마나 갑갑할까.

미세먼지다 쓰레기다, 오염으로 인한 환경도 문제이나 얼른 눈으로 보이진 않지만, 밖에 나가면 우선 눈에 들어오는 것이 도시의 보도와 길을 덮은 아스팔트다. 대로는 물론 도시의 골목마다 돌이나 벽돌, 아스팔트가 깔려있다.

인류의 문명이 발달할수록 지구 모습이 달라져 가는데 일단 그렇게 시작이 되면 그 방향으로 점점 더 나아가지 본래로 되돌아가는 것은 쉬운 일이 아니다.

일단 집을 나서면 숨쉬기 어려울 대지 생각도 나지만, 멋부린 하이힐이 집 앞 벽돌 블록에 끼이지 않도록 조심부터 하게 된다. 새신을 신을 적마다 뒤꿈치 힐이 블록에 끼어 상처가 났기 때문이다.
미국에서야 어디서든 늘 차를 타게 되지 맨해튼 이외에 걷는 경우는 별로 없지만 우리와 비슷한 일본에서는 걷는 경우가 많다.

동경도 그렇지만 얼마 전까지 공부로 교토에 있었을 때는 걷기도 많이 했다. 주로 집과 대학 사이, 그리고 내가 걷던 시내 몇몇 곳에 돌이나 벽돌이 깔려있는데, 깔아놓은 것의 꼼꼼함과 깔끔함, 색과 모양이 편안하여 걷기도 좋고 신에 생채기도 나지 않으며 아름답기까지 하여 답답하겠다는 지구를 잠시 잊게도 된다.

여러 해 전 동경 특파원을 지낸 선우정 기자가 당시 동경에서 잠시 서울을 다니러 와서 동경의 보도블록 깔기와 서울의 그것을 비교한 글을 썼는데 생각이 좋아 감탄한 적이 있다. 지금 세세한 기억이 나진 않지만 두 나라 차이를 보도블록의 철저한 장인정신에 빗대어 이야기를 풀었었다.

굳이 길의 보도블록만이 아니라 교토의 가로수 전정剪定하는 걸 한동안 서서 바라본 적이 있다. 정성 기울이는 전문가의 모습이 아름답고 보기 좋았기 때문이다. 그 기술과 전통이 길 것이다. 대대로 가업으로 이어가며 하고 있는지도 모른다. 우리는 전엔 다 대통령이나 장관, 4성 장군 하려 했고 요즘은 선호 분야가 달라졌어도, 가로수 다듬기나 바닥 블록 까는 일을 대를 이어 하는 건 아닐지 모른다.

구청 예산이 남아서 연말에 보도블록 까는 거로 써버린다는 말도 들리지만 그걸 바꿀 때마다 이번에는~ 하고 기대해보나 모양이나 크기 색이 그게 아니고 울퉁불퉁 고르지 못한 부실시공으로 구두 힐이 빠질 게 경험자에겐 보인다.

내가 살아온 서울의 서촌西村은 오래된 한옥이 많고 좁은 골목이 많아 그게 사라진 대도시에 오히려 매력인데, 커다란 새 돌판을 좁은 골목에 깔아서 어울리지도 세련되지도 않아 이번에도 실망이다.

교토에는 눈에 띄지 않는 몇 가지 색으로 조화를 이룬 벽돌 깔개가 많고, 비용이 더 들었을 돌 깔개도 기온祇園이나 여기저기, 디자인에 여간 세심히 정성들인 게 아니어

교토 기온祇園의 보도블럭


밟으며 절로 마음과 자세를 곧추세우게 된다.

히가시야마東山 오랜 역사의 고급 동네를 걸으면 거기엔 역사가 더 긴, 몇백 년은 됨직한 돌판이 깔려 있어 그걸 밟는 몸에 그 역사의 냄새가 스며드는 듯도 하다. 유럽에도 동글동글한 역사 깊은 돌들이 깔려있지만, 보기엔 멋지나 고르지 않아 구두로 걷기에는 편안하지를 않다.

어찌해도 대지가 숨 막힐 듯하여 마음이 쓰이지만 기왕 깔아야 하는 것이 걷기에 편안하고 보기에 조화롭고 예술의 향내마저 느껴진다면 그 일을 한 이들의 정성에도 감사하게 되고 걷는 발걸음도 조금은 가벼워질 것이다.

맛과 차

# 화가의 집 더 소도 The Sodoh

교토의 '더 소도The Sodoh'를 생각하면 미소가 지어진다. 그 안에는 지난 20여 년 내가 서울에서 해오던 게 고스란히 들어있기 때문이다.

유명 화가 다케우치 세이호우竹內栖鳳 (1864~1962)의 저택으로 대문 우측에 세워진 나무 팻말에 그리 쓰여 있으나 지금은 더 소도The Sodoh 이탈리안 레스토랑으로 이름이 높다.

2천여 평 터에 입구부터가 예사롭지 않다. 유니폼을 입은 남자와 예약을 체크 하는 신사복의 남자가 서서, 예약하지 않은 이는 들어갈 수 없음을 내비친다. 내가 교토에 머물었을 때, 나를 방문한 분들에게 그 정원을 보이려 무사 통과한 것은 십 년 넘어 그들이 나를 알아보기 때문이다.

고풍스런 넓은 문을 들어서면 발에 밟히는 돌판부터 보기 드문 널찍한 크기다. 오래된 그 넓은 돌을 조심스레 밟고 하늘 가린 키 큰 단풍나무를 고개 들어 올려다보며 나지막이 오르면 자동문이 열리고 거기에 고급진 레스토랑이 나온다. 홀이 아담해 보이나 그런 홀이 여러 개 있어 전체는 큰 집이다. 19세기 20세기에 걸쳐 백 년 가까이 살고 그림을 그렸던 화가의 족자 그림이 보이고 이층에는 그의 초상화가 있다. 세를 들었어도 예술가를 존중하는 모습이다.

오픈 키친으로 많은 요리사가 부지런히 움직이는 게 보이고 정원엔 두 개의 멋진 횃불이 타오르며 내부가 품위 있음에도 식사는 환경에 비해 놀랍게도 값이 낮다. 낮에 코스 요리가 1800엔 2500엔 정도이고 저녁엔 좀 오른다.

'모녀시인'이 살아온 서울의 필운동 고택이 길로 많이 잘려나가자 새로 짓고 IMF 시대가 온 때여서 임대가 오랫동안 나가질 않아 1층에 '복합예술공간 더 소호The Soho'를 지어 그 안에 문학관 미술관과 함께 파리에서 온 쉐프와 함께 개인적으로는 국내 최초로 세운 프렌치 레스토랑의 값보다 낮은 것이다. 그런데 프랑스의 유명 레스토랑을 여러 번 견학한 안목으로 봐도, 교토의 더 소도The Sodoh는 스타일이나 맛, 감각에서 초일류 솜씨다.

예약을 했어도 조금 기다리게 되는 동안 둘러보는 정원도 일품이다. 교토를 겨우 이틀이나 사흘, 반나절 찾는 사람도 있지만 우리로 치면 불국사 쯤 되는 언덕 위 기요미즈테라清水寺 사찰을 먼저 찾게 되는데 그 오르는 초입에 더 소도The Sodoh가 있다.

'화가의 정원'을 걸으면 작고 큰 폭포가 보이고 메인 건물 바로 뒤로 교토의 상징인 호칸지法觀寺의 오층탑五重塔이 마치 그 집 소유의 탑인 양 솟아오른다. 일찍이 한반도에서 간 도래인渡來人으로 알려진 쇼토쿠 태자聖德太子가 평화의 상징으로 지었다는데, 그 앞에서 쳐다보기보다는 더

소도 정원에서 바라보는 것이 더 아름답다.

어머니가 오래전, '남의 경치를 바라볼 수 있다면 좋은 건데 그걸 차경借景이라 한다'고 했을 때 귀담아 듣지 않았는데 오층탑을 보면 그 어휘 '샷케이借景' 빌린 경치란 말이 떠오른다. 인터뷰를 한 일본 기자들이 손호연처럼 아름다운 일어로 말하는 사람을 보지 못했다고 나에게 말해주지만 어머니의 일생, 샷케이しゃっけい는 내가 들어보고 인상에 남는 거의 유일한 일어 단어다. 필운동 옛 고택 한옥의 식탁에 앉으면 그 창 넘어 낮은 뒷담으로 보이는 뒷집 너른 뜰을 바라보며 하신 말이다.

그 탑을 바라보다 왼편의 아담한 별채로 들어서면 매력적인 홀이 펼쳐진다. 80명쯤 들어갈 아담한 홀 탁자에는 영어 성경이 펼쳐있고 웨딩링을 놓는 쿠숀과 예쁜 오르간이 보인다. 각기 다른 문양의 오래된 나무 벤치들도 정겹다.

바라보이는 전면 유리로는 밖에서 흐르는 폭포로 가득하다. 기대하지 못한 사랑스런 꿈같은 그 광경에, 여직 내가 그걸 보여준 사람은 일제히 다 와~ 하며 여기서 결혼하고 싶다고 한다. 여러 해 전 그걸 처음 봤을 때 나도 그렇게 말했었다. 그런 홀이 몇 개나 되어 웨딩과 음악회로 토 일 주말에는 개인 손님을 받지 않는다.

옛 맛이 나는 히가시야마東山 동네, 거기의 핵심인 네네노미치ねねの道, 그 길지 않은 길 우편 끝 니넨자카二年坂

가 시작되는 곳에 있는 더 소도는 여러 스토리와 이벤트가, 서울의 '모녀시인의 집'이 헐려 새로 짓고는 2년여 임대가 나가지 않아 지난 20년 펼쳐 온 문학 행사와 미술 전시회, 고품격 음악회, 난타 공연, 뮤지컬, 무용, 강연 그것을 합친 멀티 아트, 멀티 컬쳐가 요리 예술과 함께 펼쳐진 곳으로 화가 대신 시인이 살아온 곳이라는 것 외에 비슷함이 많고 이름까지 비슷하여 놀랍다.

1999년 세워진 서울의 더 소호The Soho에 비해 교토의 더 소도는 4년 후 2003년에 세워진 것과 관광대국의 교토엔 세계에서 오는 방문객이 훨씬 많다는 차이는 있다.

교토에 공부 가서 초기엔 서울서 하듯 택시를 탔는데 주위 학생들을 보니 100엔을 알뜰히 아끼어 점차 닮아가기 시작했으나, 버스로 대학에서 15분 거리의 더 소도에 클라스메이트들을 초대하곤 했다. 일본 학생들도 전혀 몰라 외국에서 간 내가 그 스토리를 아는 만큼 들려준다. 서양 터치가 있는 고품격의 동양적 환경을 즐거워들 했다.

바로 옆 나라여서 미국에서 보다 덜 homesick할 줄 알았다. 그러나 역시 이국인데다 공부도 어려워 생일이라도 오면 안타던 택시를 잡아타고 가서 위안을 받기도 했다.

당시의 심정을 꿈인 듯 떠올리며 졸업 후에도 교토를 가면 들리는 아름답고 만족감을 주는 가성비 높은 곳이다.

# 두부의 시작 오쿠탄奧丹

오쿠탄奧丹은 일본의 제일 오래된 두부 요리 집이다.
유도후湯どうふ의 명가로 370년의 역사를 자랑하고 있다.

한국 음식은 특히 외식은 점점 더 매워지고 있다.
평양 출신 아버지의 영향인가 슴슴하고 단순한 맛으로 자라난 나는 매운 것은 되도록 피하고 재료가 살아있는 대로 싱겁게 먹는 걸 즐긴다.

옛 모습을 지키고 있는 고급 동네 히가시야마東山에 관광객들이 많이 찾는 니넨자카二年坂 산넨자카産寧坂 매력적인 그 길을 따라 언덕 위 유네스코 세계문화유산인 기요미즈데라淸水寺 쪽을 향해 오르다 점심을 하게 되면 여러 식당 중에 유서 깊은 오쿠탄奧丹 두부집을 택하게 된다.

니넨자카二年坂를 오르면 우편에 나오고, 들어서면 창으로 보이는 아름다운 정원과 조용한 분위기에 수백 년 거기서 직접 만드는 두부를, 있는 그대로 교토의 청정한 물에 그저 데워만 드는 것이 신선하고 상쾌하다.

교토에서 공부할 때에 서울에서 찾아온 분이나, 서울에서 더러 나와 교토를 함께 가길 원하는 분들과 교토를 가게 되면 첫날 그 언덕을 오르다 첫 식사를 거기서 하기도 한

다. 서울에서 갓 내린 분들이 일본다운 길을 걷다가 오쿠탄 다다미방에서 정원을 내다보며 템푸라와 두부 꼬챙이를 곁들인 유도후湯どうふ 코스를 들면 마침내 바뀐 이국적 분위기에 아 좋다~ 고 한다. 유도후란 그냥 더운물로 데운 두부로 양념이 일체 없는 무맛인데도 들인 정성과 힘있게 내리누른 탄탄한 그 두부가 무게 있게 느껴진다.

함께 하는 몇 개의 방마다 너른 정원이 내다보이고 지하로 내려가면 한 코너에 그곳서 두부 맛을 본 젊은 황태자, 지금의 천왕 사진이 있고 세계에서 온 셀럽들의 사진이나 사인이 진열되어 있는데 한국 배우의 사인도 두엇 보인다.

오쿠탄奧丹의 황태자

세계적 셀럽 사인 전시 - 오쿠탄

단 며칠을 가도 오쿠탄을 한번은 들리게 되는데 그곳서 함께 한 분 중, 최서면崔書勉 선생이 인상에 남는다.

'종신 주일대사' '한일외교의 귀재'라는 별명의 지일파知日派로 학자이면서도 후쿠다 다케오福田赳夫, 기시 신스케岸信介 총리 등 일본 정계 거물들과의 두터운 인맥으로 한일외교를 막후에서 기여한 한국현대사의 산증인이다.

매달 강연으로 서울에서 동경에 가시는 선생이 신칸셍 기차를 타고 교토에서 공부하던 나를 격려해 주려 오셨다. 십몇 년 휠체어 탄 모습만 보았는데 그때는 산넨자카産寧坂가 좁아서인가 휠체어를 떨치고 걷기도 하셨다.

독도와 안중근 연구의 일인자이기도 한 그가 최근 가시니 오쿠탄에서 듣던 구수한 그 목소리가 들리는 듯하다. 오래 전 연세대 다닐 때 정쟁에 휘말려 퇴학맞은 것을 90이 다 되어 그즈음 대학 졸업장을 받았다며 유도후를 맛나게 드시던 모습이 긴 역사의 오쿠탄을 배경으로 떠오른다.

교토는 1100년 수도의 역사가 길기도 하지만 '쿄료리京料理'라 하여 일본서 제일로 치는 요리의 이미지가 있다. 세계적 관광도시로 이탈리언 프렌치 등 세계의 요리가 거기에 많지만 오리지날 쿄료리로 제대로 된 코스가 몇만엔 이상인 요리 집도 꽤 된다.

오래전 나도 아버지와 함께 몇 번 대접받은 적이 있는데 맛은 물론 눈으로 보는 그 섬세한 아름다움과 기모노 입은 직원의 서비스는 일급이었다. 긴 코스가 다하자 아버지가 '오사라おさら 접시 구경 잘 했습니다' 하자 모두 와아 하고 웃었다. 크고 너른 접시에 아주 조금 한 입 분량이 그릇을 바꿔가며 계속 나오는 것을 '고치소사마 잘 먹었습니다' 대신 공감하는 유머로 말한 것이다.

언제나 좌중을 이끄시던 스무 살 때의 그 기억을, 커서 교토에 가면 거기가 어디였을까 생각하게 된다. 언제고 곁에 계실 줄만 알았었다. 이젠 그걸 물어볼 사람이 없다.

동경서 정치인이나 권세가들이 교토에서 특별한 저녁 한 끼를 하려 몇 시간의 거리를 당일로 오가기도 한다고 한다. 오쿠탄은 그거에 비하면 단 하나의 코스로 맑고 단순하기 그지없다. 값도 3천 엔 정도 환경에 비해 저렴한 편이다. 그래서 교토에 가게 되면 장수국 국민이 좋아하는 건강메뉴 유도후湯どうふ를 들어보시라 권하고 싶다.

이름 높은 큰 사찰인 난젠지南禪寺 바로 앞에도 준세이 유도후順正湯豆腐 집이 있다. 오랜 역사에 비슷한 메뉴이고 거기도 세계 사람이 많이 찾는 유명 유도후 집으로 정원도 넓고 볼 만 하지만 개인적으로는 오쿠탄奧丹의 차분하고 고급스런 분위기를 나는 선호한다

# 쿄오망수日萬의 우나기

장어, 우나기 요리를 한국에서 먹으려면 교외로 나갔었다.

교토에서 도시샤 대학同志社大學 공부를 할 때는 학교 근처 외에 외식할 시간이 제대로 없었는데, 여름이 시작되자 교수들이 일본에서는 여름에 힘을 내려 우나기를 든다고 했다. 더워서 쳐지고 넘치는 공부로 힘들기도 하여 시내 우나기 하는 집을 몇 번 찾았었다.

우나기는 가시가 많고 다루기 쉽지 않아 집에서는 못하고 밖에서나 먹는 음식이라고 했다.

이번에 교토에서 기막힌 우나기 집 하나를 발견했다. 손님 자리가 몇 평 되지 않았다.

기온祇園의 수많은 골목 중 어느 한 골목을 들어가면, 시라가와白川 가느다란 냇물이 흐르고 봄이면 그 물 위로 수양벚꽃이 늘어져 내리는 곳을 걷게 된다. 아아 감탄을 하지 않을 수 없는데 물 좌편으로는 통창 유리로 된 레스토랑들에 앉아 마주 보는 이들이 보이고 그 우편으로는 에도시대江戸時代 풍의 짙은 색 나무로 지은 옛집들이 죽 늘어서 있다. 간판이 보이지 않으나 밥집이나 찻집, 저녁에는 술집도 있을 거라 짐작했었다.

그중 하나가 입구에 하얀 천으로 친 포렴布簾のれん에 장어가 먹으로 그려져 있는데 그 감각이 예사롭지 않아 그 노렝のれん을 걷치고 들어갔다. 좁디좁은 내부 골목을 좀 더 들어가니 우나기 집 문이 나와서 오래된 그 나무문을 조심스레 열었다.

비좁은 내부에는 테이블 하나와 부엌에 붙은 카운터 테이블뿐이었다. 우리를 카운터 테이블 제일 가장자리로 앉혔다. 가운데 번듯한 자리에 앉히질 않고 왜? 라고 묻고 싶었으나 곧 알게 된다. 바로 그 앞 오픈 키친에서 장어를 다듬는 과정을 바라볼 수 있는 제일 좋은 자리라는 걸.

그렇게 젊은 요리사가 재빠른 솜씨로 장어 한 마리를 칼로

손질했고 그 길다란 생명을 익숙한 솜씨로 만지고 굽고 졸여, 정성스레 만든 밥 위에 얹는 과정 전체가 하나의 멋진 공연이요 예술이요 종교적 의식 같기도 했다.

시각적으로 흥미로운데 그렇다면 맛은 어떨까.
장어 요리와 밥이 살살 부드럽게 넘어가는 게 여직 양국에서 먹어 본 우나기 중 제일이다. 손님이 없어 이러다 닫는 게 아닌가 속으로 걱정이 좀 되었는데 연지가 얼마 되지 않은 데다 몇 도시에 호텔이 있고 교토만 해도 양식과 교토 요리 등 몇 군데가 있는 꽤 큰 회사라 하니, 그럼 왜 이 짝은 걸? 주인이 취미로 하는가 보다 하는 생각이 들었다.

바깥 노렝布簾のれん과 함께 내부 벽에도 긴 나무판에 먹으로 장어 모양이 한 붓에 그려져 있고 종이에도 꿈틀하는 장어 한 마리가 그려진 게 보통 감각이 아니어 누구 솜씨냐 물으니 사장이 그린 것이라고 했다. 우나기만 다루는 곳이지만, 자신의 정체성을 붓 한 획으로 그린 폼이 멋지고 무엇보다 우나기 다루는 모습과 요리 만드는 지극히 조용한 그 과정이 하나의 체험이다. 한국에선 주방에서 다 만들어 나오지 만드는 걸 보인 적이 없었다.

아니나 다를까 이 집 장사가 안되면 어쩌나 걱정해 주던 그 집을 다음 날 전처럼 예약 없이 들어가니 교토서 학교 다닐 때 먹던 값의 몇 배인데도 자리가 없었다.

그렇게 한번을 맛보았으나 교토를 다시 찾게 되면 내 앞에서 그 전 과정을 마치 그림 그리듯 연주하듯, 고도의 예술을 연출한 그리고 우나기를 다듬던 쉐프가 안에서 나에게 인사를 몇 번이나 했건만 어느새 재빨리 좁은 길을 빠져나와 문밖에 서서 공손히 다시 인사하는 '쿄오망슈日萬' 그 집을 다시 찾고 싶다.

여러모로 그들의 장인정신과 투철한 서비스 정신에는 두 손을 들고만 싶다.

손짓 하나 친절함 하나에 진심이 깃든다면
굳어진 마음 하나 움직이는 힘이 되리

## 다다미가 있는 방

이런 이색적인 걸 만날 줄은 몰랐다.
히가시야마東山의 네네노미치ねねの道에서 시작해 높은 언덕 위, 청수사 기요미즈데라清水寺로 오르는 비좁은 골목길은 꽤나 길다. 교토 옛 모습의 핵심이라 할 수 있어서인가 해가 갈수록 관광객이 몰려와 점점 더 비좁아 보인다.

그러나 그 긴 골목이 그리 길게 느껴지지 않는 것은 양옆에 일본 전통집이 상가로 죽 이어져 있어 예쁘고 흥미로운 수많은 다실 밥집 사랑스런 기념품이 가득한 숍들이 매력적이어 옛 감성을 불러일으키는 이국적 분위기의 길이기 때문이다. 에도江戶시대 쇼와昭和 초기 시대를 그려 볼 수 있는 그 길에 세계에서 몰려온 외국인들이 일본 기모노를 입고 여유롭게 걷는다.

처음 교토를 찾는 사람은 여기부터 오기도 하고 그 분위기에 신기해하기도 하지만, 여러 번 와본 나 같은 사람은 거의 모든 상점들 이름과 특색을 알기도 하여 어쩌다 산책하는 셈으로나 찾게 되는데, 그 분위기에 놀라워하는 사람들 모습이 재미있어 그 표정을 바라보게도 된다. 대만 중국에서 웨딩 사진을 찍으러 오는 사람들도 꽤 보인다.

그러다 수없이 지나던 옛 모습을 한 집을 무심코 지나는데 샛골목에 면한 그 집 뒷문으로 금발의 세련된 여인네가 우르르 나오는 게 보였다. 어 저기를 내가 들어간 적이 있었던가 싶어, 뒷걸음질해 겉으론 어수룩하고 흔한 나무로 지은 옛 가옥을 들어가니 아니 이게 웬일인가. 간판도 없는 듯해 그냥 지나쳤는데 속 벽에 그 흔한 스타벅스 로고가 연한 베이지색으로 어렴풋이 그려져 있지 않은가.

그런데 그게 흔하디흔한 그 스타벅스가 아니어 또 놀라게 된다. 언제 이게 생겼는가? 하니 얼마 되지 않았다고 했다. 지난번 지나면서도 알아차리지 못한 것이다.

청수사清水寺 오르는 니넨자카二年坂 산넨자카三年坂는 거의가 작은 고만고만한 집인데 이 집 속은 그에 비하면 엄청 크고 길다. 그리고 그 인테리어 발상이 대단했다. 내가 늘 말하는, 튀지 말고 있는 둥 마는 둥 하는 게 좋은 안목이라고 말한 바로 그 스타일에다 일본의 오래된 고택의 매력을 살린 흔적이 여기저기 보인다.

커다란 돌벽이 바로 옆에 보이고 좁은 나무 계단을 오르면 이층엔 이런저런 아늑한 방에 나지막한 의자가 놓여 있고 일본식 다다미가 깔린 데서는 그윽한 조명에 고즈넉이 앉아 커피를 들고 있다. 기모노가 지극히 어울리는 광경이다.

오래 살던 워싱톤의 고급 올드타운인 조지타운에는 저질

스타벅스는 절대 안 된다며 주민이 반대를 했고 서울 인사동 올드타운도 영어 상호는 안 된다며 스타벅스를 한글로 써서 내걸었지 내용을 한국적으로 바꾼 건 아니었다.

스타벅스의 오리지날인 시애틀의 카페도 떠오른다. 별것도 아닌 허술한 곳이지만 그 후 일약 온 세계에 수만 개 프렌차이즈가 퍼지니 그 오리지날 카페는 대단한 관광명소가 되었다. 우리도 초창기엔 어디서든 스타벅스에서 글 쓰며 커피 드는 멋이 있었다. 그러나 여러 해 지난 지금 세계화된 흔한 스타벅스를 신기하게 여기는 사람은 없다.

그러나 천년 넘는 옛 모습의 이 고도古都, 그 모습을 지금도 간직한 고도古都 속 핵심의 스타벅스는 확실히 다르다. 자기네 나라의 진부한 스타벅스에 시들해진 세계인들이 그게 신기해 일본 냄새 물씬 나는 '이색 스타벅스'로 찾아 들

어 다다미에 고요히 앉아보는 융합공간이다. 카페라기보다는 색다른 차원의 문화공간이라는 느낌이다.

밖에선 스타벅스인지 도저히 알아차릴 수가 없다. 지나다 그게 눈에 보인다면 이상한 거다. 그런데도 사람이 꽉 찬 걸 보면 아마도 생기자마자 젊은이들이 인터넷에 뿌리고 퍼쳤는가 보다. 인터넷 서치 없이 발걸음으로 마음에 합한 곳을 찾아내는 사람에게는 늘상 지나간 곳임에도 존재하지 않는 듯 거기에 그렇게 서 있는 콘셉이 기발하다.

밖으로 나와 두리번 거리니 허름한 나무판 입구에 손바닥보다 작은, 오래된 그 집 나무와 같은 색바랜 철판에 상호가 보일 듯 말 듯 새겨져 있다. 간판이 없는 거나 같다. 남들은 못 알려서 안달인데 보이지 않도록 그렇게 애를 많이 썼으니 단연 몇 수 위 발상이다.

나와서 지나는 사람들을 유심히 봐도 그 상점 앞을 무심코 지나치고들 있는데, 그게 정상이라는 생각이 든다. 그러나 교토에 사나흘 있는 동안 거길 지나면서 세계 유일의 다다미 스타벅스를 알아보지 못한다는 건 참 아까운 일이다.

그러다 언젠가 알아차릴 날도 오겠지.
진짜는 숨기고 홍보하지 않아도 드러나게 되어있으니.

진짜는 언젠가 들어나게 되어있지
　　주머니 속 송곳이 쏘옥 나오듯

# 카기젠요시후사鍵善良房 쿠즈키리

교토 기온祇園의 중심 대로, 야사카진자八坂神社에서부터 2키로 뻗은 길 양옆에 웬만한 상점이나 명소를 모르는 곳이 없을 정도로, 첫 발걸음인 1970년으로부터 시작해 최근 몇 해는 참 많이도 그 길을 걸었다.

그런데 이게 웬일인가.
상점이 다 고만고만 연결되어 있고 창 밖 디스플레이도 엇비슷한데다 문도 닫쳐 있어 채 못 알아차린 것이었겠으나 이제는 기온 대로에 내가 모르는 공간은 없다고 생각한 어

느 날, 늘 무심코 지나친 상점 앞면을 다 가린 자주빛 노렝のれん暖簾을 젖히고 한 집을 들어가자 나는 또다시 놀라게 된다.

이 크지 않은 도시 교토에 이제 더는 놀라지 않을 곳이 언젠가는 있을까 하는 생각이 불쑥 든다.

안에는 눈을 즐겁게 해주는 일본 화과자和菓子들이 진열되어 있고, 사방에 오래된 가구와 과자상자들 골동품들이 높은 천정까지 쌓여 있다. 한눈에 보아도 고급스런 격이 있다. 카기젠요시후사鍵善良房 라 했다. 역사를 보니 에도江戶 시대 중반에 열은 일본 전통 과자 전문점으로 예부터 궁중에 들어가는 화과자和菓子라 한다. 줄 선 사람들 하나하나를 차분하고 친절하게 응대하는 세련된 유니폼

을 입은 직원들이 보이고 더 속으로 깊숙이 들어가니 상상 못한 찻집이 널찍하게 보이는데 그것도 줄이 서 있었다.

3백 년 넘는 역사로 알 만한 사람은 다 아는 듯한데, 가이드 북을 보지 않는 나만이 모르고 있는 듯하다. 들여다본 입구의 과자 하나하나가 세련됨의 극치인데 그 공간과 속 찻집 스페이스도 품위 있고 역사의 냄새가 묻어나며 손님이 압도될 정도로 아름답다.

대기 장소 옆 벽에 걸린 3백 년 전 같은 장소의 옛 상점 흑백사진을 바라보며 기다렸다.

이윽고 차례가 와서 작은 정원이 유리로 내다보이는 자리로 안내된다. 메뉴를 펼쳐 보는데, 사람들 거의가 앞에 그린 빛 높은 통을 열고 국수처럼 젓가락으로 건져 먹고 있어 구즈키리葛根라고 하는 그걸 나도 주문했다.

드디어 내 앞에도 웅장한 이층으로 된 통이 도착했고 흑색 꿀인 구로미츠黑蜜 소스와 작은 화과자 한 개, 차 한 잔이 놓인다. 고급스런 그릇이 보기에도 풍성하고 귀한 대접을 받는 기분이다. 통을 열고 얼음물에 투명한 긴 국수 같은 걸 젓가락으로 건져 구로미츠 소스에 찍어 맛을 본다. 찬 기운에 소스에 찍은 진한 꿀맛만 나지 다른 맛은 없다.

구즈키리葛根는 갈근으로 한약에 갈근탕으로 알려져 있는

그 갈근 뿌리이다.

갈근 가루를 갈아 반죽해 잘라 만들었다는데 맛이 전혀 느껴지지 않으나 몸을 따뜻하게 보하고 혈액을 맑게 하며 감기에 잘 든다고 한다. 무엇보다 분위기가 여유 있고 근사해 나는 사흘 내리 줄을 서 세 번이나 자리에 앉았다.

구즈키리 외에도 다양한 디저트 메뉴로 미숫가루에 찍어 먹는 떡, 와라비모치わらび餅, 말차抹茶와 화과자가 세트로 나오는 오우스 나마가시츠키, 단팥죽과 비슷한 기비모치 젠자이ぜんざい는 물론 다양한 화과자와 양갱 경단이 있다.

걸린 그림도 동서양이 조화롭고 일본의 찻집치곤 공간이 꽤 큰 편으로 일본 오래된 전통에 시원한 서구식이 가미된 분위기에 창으로 내다보이는 아담한 정원도 일본답게 사랑스럽게 꾸며져 있어 평안한 마음을 준다.

쉼이란 '배우면서 쉬는 게 제일' 이라 느껴진다.

교토의 이름 있는 옛 문인들이 자주 들렀던 역사 깊은 곳이라는 말에 그들이 찻잔을 앞에 하고 이곳에서 얻었을 영감은 무엇이었을까, 적어 본 글은 무엇이었을까를 상상해 보는 것도 특별한 재미다.

나도 수첩을 펼쳐 들었다.

# 찻집喫茶店 Francois

교토는 역사 깊어 오래된 찻집이 많이 있다.
일본 전국에서 찻집 수가 가장 많은 도시라고도 한다.
작은 도시가 왜 그러한가 하니 예부터 출근길에 찻집에서
토스트와 차 한 잔을 들고 출근한 게 이유라고 한다.

우리나라는 이제 어마어마한 커피 나라가 되어 카페 숫자도 어마하나 일본의 것을 카페나 커피숍으로 부르기가 뭐한 게 그들은 그들 고유의 차를 유지 보유하여 그것이 대세이기 때문이다. 그러나 커피로 말해도 역사가 더 길고

네팔이나 남미 등에 직접 가 살며 커피 농사도 짓고 그 연구가 깊어 종류가 다양하고 동양 입맛에 맞게 만들어 쓴 맛이 적고 융숭한 느낌이 든다.

나는 일상에 커피를 잘 안해 카페에 가면 무얼 시키나 고민하다 유자차 모과차 시키려도 달아서 그것도 꺼리다 아무거나 특징 없는 걸 들게 되어 잘 가질 않게 된다. 교토에서도 잘 가지 않으나 가게 되면 진한 그린의 말차나 밀크티를 시키게 되나 커피가 순하여 가끔 들기도 한다.

세계적 도시치고는 아담한 이 도시에 커피집 잘 가지도 않는 사람에게 큰 인상을 준 찻집이 일곱 개나 손으로 꼽을 수 있다니 생각하면 신기한 일이다.

그러나 그건 유학을 다 마친 후 다시 잠시 오는 중에 대학 근처나 묵는 곳 근처, 내가 잘 가는 히가시야마東山 동네 정도로 한정되어 있으니 내가 아직도 모르는 숨어있는 곳도 많이 있을 것이다.
그래도 교토에 여러 번 오고 나처럼 장기체재도 좀 있고 호기심이 있어야 보이는 것일 게다.

그것들 중 모던한 곳은 단 한 곳뿐, 나머지의 공통점은 다 오래되어 세월의 더께가 꽤 두텁다는 것이다. 그중 하나가 지금 앉아 있는 프랑소아Fracois 다.

교토 시내 복판인 기온祇園에 묵으며 야사카진자八坂神社까지 죽 이어지는 대로大路 2키로를 걷다가 가모가와 강 다리 건너기 조금 전 우측 골목으로 살짝 들어가면 그 유명세를 익히 들어 온 찻집이 나오고 그 앞으로는 아주 작은 시내 같은 '다카세강高瀨川'이 흐른다.

비교적 짧은 다섯 명 줄에 두어 번 선 적도 있다. 1시간이 넘어가자 줄 서는 걸 포기했고 오늘도 기대 없이 왔으나 이른 오전이어서인지 마침내 자리를 차지하게 되었다.
아담한 공간이다.

포기했을 때 느낀 건 식사줄은 길어도 줄어드는데 찻집은 웬만해선 줄이 줄어들질 않는다는 것이다. 잘 일어나질 않기 때문이다. 분위기가 좋으면 더욱 그렇다.

나를 포근히 안아주는 듯한 중세 유럽풍으로 커플도 있으나 여성이 대세이고 나처럼 혼자 앉아 감상을 하거나 책을 읽는 남자도 있는데, 아줌마의 수다는 한국보다 조용히 한다는 것뿐, 그게 끝도 없는 건 비슷해 보인다.

긴 역사가 둥그런 천장, 기둥, 비로도 의자, 테이블 그리고 찻잔에마저 묻어나고 벽에 걸린 진품 아닌 모나리자, 베르메르의 '진주 귀걸이를 한 소녀' 밀레 그림도 세월이 많이 더해져 거의 진품 비스름해 보인다. 오렌지빛이 스민 누렁색의 천장과 벽이 로마의 어느 길모퉁이 벽 색깔처럼

구성지고 은은한 클래식 음악이 분위기를 돋우어 준다.

번화가 기온祇園에서 살짝 들어와서인지 외국인 관광객이 안 보이고 대게가 현지인이다. 역사의 두께가 스며있는 은은함과 뭉근함이 그렇게 숨 쉬는 공기에 들어나고 있다. 세계 어디든 우리도 그렇지만, 깊이 있고 분위기 진짜 있는 곳은 현지인 위주다. 한 나라를 며칠로 보겠다는 것은 그래서 말이 되지 않는 것이다.

일본은 150년 전, 정부에서 각 분야 사람들을 유럽으로 보내어 문화는 물론 정치 법률 교육 경제를 배워 와서 제도와 발상이 일찍이 선진국으로 나아갔다. 그래서인지 자신들이 아시아 소속이 아니라 유럽의 일부로 생각하고 있다는 이야기를 오래전 들었다. 내 어머니의 수십 년 전 일본인 동창이 자신의 나라가 서구의 일부인 줄로 오랫동안 생각해 온 것을 고백한다고 하는 걸 들은 적도 있다.

실제로 서구가 부러워하는 경제에 문화에 다 갖추었으니 그럴 만도 하겠다는 생각이 들다가도, 이들의 얼굴 하나하나를 차근히 바라다보면 서울의 우리 동네에서 늘 마주치는 아무개 아무개가 떠오르는 영락없는 우리의 얼굴이다. 이들만 그 사실을 모르고 자기와 똑같이 생긴 우리 동네의 그와 서로 모르고 있다.

이 집에 가득 찬 백여 년 된 구식 비로도 의자의 붉은빛깔이 이 시기 크리스마스 분위기를 한껏 돋우어 주는데 내가 마주 보는 앞 벽의 하도 오래되어 진품 비슷해진 모나리자는 아까부터 밀크티 한 잔에 이 글을 끄적이고 있는 나를 친근한 미소로 계속 바라보아 주고 있다.

'진주 귀고리 한 소녀' 네델란드 화가 베르메르의 그림을 일본서 대할 때면 느끼는 거지만 우리나라엔 모나리자나 밀레처럼 잘 알려져 있지 않으나 일본엔 '북유럽의 모나리자'로 인기가 아주 높은 것은 신비로운 저 눈빛 때문일지 모르는데 그조차 오래 앉아 있는 나에게 그림에서 튀어나와 특유의 눈빛을 지긋이 보내주고 있다. 다 함께 그윽이 잘 어울리는 프랑소와 찻집의 영화 같은 오전 풍경이다.

# 아오모리 사과

과일 중에 우리에게 가장 친근한 것은 사과가 아닐까.

One apple a day keeps a doctor away. 매일 사과 하나면 의사도 필요 없다는 이 말은 미국에서 늘 듣던 말이다. 내게도 사과는 친숙하여 아침에 아삭~ 한 입을 씹으면 미국서 먹던 새파란 사과 생각이 나고 교토에서 자주 사던 아오모리산青森産 사과 생각도 난다.

2015년 큰 용기를 내어 교토京都의 공부를 시작하며 그 직전에 방을 구한다는 것이 시간은 촉박하고 보는 몇 개의 방이 다 고만고만해 못 정하겠는데, 돕는 분이 대학 가깝고 재래시장 바로 옆인 여기가 좋겠다~ 하여 그분 시간 빼앗는 게 미안해 끝의 6번째 것을 택했었다.

실제 살아보니 생각한대로 좀 작았으나 '일본의 문화'라 생각하고, 공부하러 왔는데 잠만 자면 되지 하며 스스로를 다독였었다. 그런데 정말 좋은 점은 세 걸음만 발을 떼면 재래시장이어 서울서 다니던 동네 통인시장이 생각나며 먹을 것이 풍부해 만족했다.

깨끗하고 짜임새 있는 수퍼가 그 안에 두 개가 있고 좋아하는 과일 가게도 몇 개나 된다.

며칠 다니러 간 것이 아니어 생활하려면 세끼 먹는 것이 기본이다. 마침 학교에 몇 개 식당이 있어 다행이나 집 옆 시장에서도 신선한 사시미 연두부 유제품이 싸고 좋았다.

흔히 일본 물가가 비싸다고 하나 그 안에서 생활하면 그렇지도 않았다.

그렇게 싱싱한 과일들을 샀는데 하루는 그 시장 끝의 길을 건너니 따로 과일 가게 하나가 더 보였다. 사과와 귤 감 등 종류는 작은데 앞에 아오모리 산青森産 사과라는 팻말이 보여 건너갔다. 주인에게 아오모리서 온 사과네요~ 하니 그렇다고 했다. 가게 저 끄트머리 살림집이 창으로 보이는데 설거지 하는 이가 98세 어머니라고 했다.

아오모리青森는 일본 본토 제일 북쪽 끝 현, 보기 드문 청정지역으로 자연과 공기가 지독히도 청정한데 사과가 특히 유명해 전국 어디를 가나 아오모리 사과가 돋보인다.

어머니는 열일곱 살에 5 7 5 7 7, 31 음절의 정형시를 배워 일생을 한국에서 썼는데 잘 알려지지 않다가, 후에 일본 천왕이 단가短歌의 대가로 궁에 초청을 하고부터는 여기저기서 강연 요청이 쇄도했다. 그중 하나의 원고에 이런 에피소드가 들어있다.

'저의 시비가 일본에 세워진 대단한 한일친선도 있지만 지

극히 사소한 것으로 양국의 친선이 되기도 합니다. 동경의 궁중신년가회歌會始めの儀에 참석한 다음 날, 함께 간 딸의 어린 아들에게 물을 주려고 한 작은 가게에 들어가니 가게 부부가, 여행 중이십니까? 어느 나라에서 오셨습니까? 묻기에 한국이라고 한 후, 두 분의 고향은 어디입니까 하니 아오모리青森 라고 했습니다.

'저도 간 적 있지요. 제 시비가 거기에 세워져 있어서~' 하니 이해가 가지 않는다는 표정이어 발음을 주의해 말하니 가게 주인은 갑자기 최경어로 '훌륭한 분이시로군요' 하며 공손히 절을 했습니다. 나오려는데 포테이토 칩 봉지를 주며 '손주에게 주십시오' 돈을 받지 않아 그냥 나오기가 뭐해 포장지를 받아 그 뒤에 시 두 수를 적어 주었습니다.

'고국을 멀리 나의 노래비가 서도다
이웃하고 어깨를 나란히 하고 다정히 지내라고'

'절실한 소원이 나에게 하나 있지
다툼 없는 나라와 나라가 되어라'

울먹이며 '그렇죠, 이웃끼리 사이좋게 지내야지요' 하며 오래도록 머리를 숙이더니 '너무 감동해 눈물이 나와 버렸어요' 옆에 묵묵히 섰던 남편도 두 눈을 붉혔습니다. 나오며 한 장 밖에 없다는 더럽혀진 명함을 받아 왔습니다.

귀국 후 저는 그 감동이 식기 전에 바로 편지를 썼습니다. '주신 포테이토칩은 제 손에 건너온 순간부터 그것은 하나의 물체가 아니라 제 한 수의 시와 함께 한일친선의 가교 역할을 하였습니다. 이 미담은 제 가슴에 오래오래 남을 것입니다. 앞으로도 우리 사이좋게 지내요~'

어머니의 그 일화를 떠올리며 교토의 동네 사과 주인에게 말했다. '이 사과 몇 개 싸주세요. 제 어머니 시비가 아오모리에 서 있거든요' 여주인이 알아듣지 못하는 표정이어 나도 한 수의 시를 종이에 적어주었다.

> 이국땅 흙에 어우러져 노래비야 서 있거라
> 두 나라 마음의 가교가 되어

감격해 했다.

그런 순간이 올 때마다 이해되지 않는 것이 있다. 80년이 되어가는 과거사로 걸핏하면 정치에 이용하거나 갈등 모순 다툼 보복으로 서로 피로를 주는 한일 정부다. 민간 레벨에서는 한 알의 사과와 시 한 수로 따뜻한 마음이 이렇게 곧 열리게 되는데.

나는 교토에서 공부할 때도 시장 건너 그 사과 가게를 갔지만 도시샤 대학 졸업 후에도 교토를 가게 되면 그곳을 일부러 찾아가 키무라木村상과 반가이 인사하고 사과를 호텔로 싸가지고 온다. 한일우호를 위해 일생 헌신하신 아버지 어머니에게 배운 한 수다.

아모모리 사과 이야기 중에 유명한 게 있다.
1991년 아오모리에 엄청난 태풍이 몰아쳐 농사한 사과의 90프로 이상이 못 쓰게 된 적이 있었다. 다들 절망했는데 한 농부가 살아남은 귀한 사과에 '합격'이라는 이름으로 열 배 이상의 값을 붙이자 수험생 엄마들에게 순식간에 매진된 이야기이다.

흔히 사과는 비료를 뿌리지 않으면 농사가 되질 않는다고 하나, 또 다른 아오모리의 농부는 여러 해 비료를 쓰지 않은 실험 끝에 마침내 성공해, 그 이야기를 책으로 써서 우리나라에서도 베스트 셀러가 되기도 했다.

그런가 하면 일본이 과거에 총리가 몇 번을 사과했다 해도 충분히 힐링이 될 때까지 상처 입은 우리 국민에게 사과했으면 하는 마음이 있다.

그리고 개개인 하나하나도 사과하는 게 선진국처럼 일상에 흔한 일이면 좋겠다. 사과할 때 나라가 나라답고 인간이 인간다울 수 있기 때문이다.

사과를 보면 떠오르는 생각들이다.

# 아마구리甘栗

'아마구리'~ 우리말로 하면 '감율甘栗 단밤'이라고 해야겠다. 반짝반짝 빛나고 동글동글한 게 어려서 갖고 놀던 공기돌 같이 예쁘고 사랑스럽다.

동경에도 길 가다 보면 있었지만, 교토에는 기온祇園 번화가 수많은 가게들 사이를 걷다 밤 볶는 냄새가 진해 그 지점에서 발길을 멈추게 된다. 아마구리는 말 그대로 달콤한 냄새가 난다. 밤 종류가 단 것인지 슈가를 넣는 것인지는 물어보지 않았다.

싸주는 봉투에 '명대 아마구리의 노포 히야시만쇼도 名代 甘栗の老舗 林万昌堂'라 써 있는 걸 보니 대대로 이어온 이름 있는 아마구리 집일 것이다. 물어보니 역사가 150년 넘는다고 한다. 맛도 좋지만 내 나름 아름다운 추억으로 발길을 멈추게 된다.

따끈해야 맛이 더 나기에 적은 양의 6백 엔짜리를 손가락으로 가리키면 그때부터 커다란 철솥에 달달 볶아 저울에 정확히 재고는 일본 어느 상점에서나 그리하듯 익숙한 손짓으로 세 겹 네 겹 어여쁘고 정성스레 싸주려 한다.

그 질 좋은 포장지 버리는 게 아깝고 기다리는 시간이 아깝고 봉투를 열어 반짝이는 그 밤을 어서 만져보고 싶어 포장하지 않아도 된다고 말해 주지만, 나를 알아보면서도 정성껏 포장하려 해 매번 손들어 스톱을 시킨다.

내가 알기론 이것은 원래 헤이조구리平壤栗 였다.
요즘은 잘 안 보이지만 40년 전 아버지와 동경에서 긴자를 걷다 보면 밤 볶는 포장마차가 보였다. 아버지는 이게 평양 밤이라고 기뻐하시며 걸으면서 함께 까먹었다.
한국에서 삶거나 구운 밤은 껍질을 애써 벗겨야 하는데 이 밤은 톡 치면 전체가 쉽게 까지는 게 신기했다. 평양 산이어서인지 헤이조구리平壤栗 평양 밤이라고 했다.

내가 태어나기 전, 평양서 단신으로 오신 아버지는 처음엔 평양의 어머니 (내 할머니)가 서울로 다니러 오셨고 갓 신혼의 내 부모님과 함께 '李允模' 아버지 문패가 걸린 집 앞에서 세 분이 사진도 찍었다. 그 사진이 이젠 내게 없지만 내가 닮았다는 할머니의 그 흑백 모습이 늘 가슴에 있다.

그 후 38선이 그 어머니와 아들 사이에 그어졌고 그리고는 할머니가 다시는 못 내려오셨을 것이다. 아버지가 1983년 가실 때까지 30여 년, 어머니가 그립다던가 고향이 가고 싶다던가 하는 이야길 직접 들은 적은 없으나 이제 생각하면 평양 밤을 길에서 사고 평양냉면을 찾던 그 자체가 그리던 속마음의 깊이가 아니었을까 싶다. 살아계실 때 그런 마음의 한 조각이라도 알아드렸더라면 그런 효가 없었을 건데~ 아쉬움과 그 철없음이 새삼 뼈저리다. 묻지 못한 할머니의 성함은 차車씨라는 성만 들었었다.

이거 평양서 온 거 맞느냐? 동경의 평양 밤 마차 상인에게 물으시던 화안한 그 모습이 그리워 나는 교토京都 기온 祇園 거리 아마구리 집을 지날 때면 그 밤 봉투를 사 든다. 머리와 가슴에만 있는, 눈에 보이지 않는 그 기억이 물체화된 것이라고나 할까. 아버지가 묻던 말, 이거 평양서 온 거 맞느냐? 를 물으니 이젠 중국에서 온다고 한다.

시끄런 세상에도 가을은 오고 있다. 군밤 계절이 오고있는 것이다. 길 가다 군밤 냄새가 나면, 뉴욕 주립대학 New York State University가 있던 뉴욕주 저 북쪽 끝 오스위고Oswego, 아들이 태어난 바다보다 큰 오대호五大湖 앞에 2년을 살았던 집의 커다란 벽난로 모닥불에 밤을 굽던 기억도 떠오른다.

'세 톨만 먹으면 보약이 따로 없다'는 밤栗은 추운 겨울 최고의 간식거리다. 풍부한 영양으로 성장과 노화 방지에 그만이라고 한다. 거기에 저마다의 아름다운 사랑의 기억까지 들어있다면 인생은 조금은 더 아름답게 승화될 것이다.

아버지의 그리움이 한으로 스며있던 평양밤平壤栗  
두리번거려 보는 텅 빈 동경의 긴자 4 정목

교토를 넘어

# 야나기 무네요시柳宗悅의 '민예'

동경에를 가면 꼭 보고 싶었던 곳 중의 하나가 야나기 무네요시의 '일본 민예관'이었다.

야나기 무네요시柳宗悅 (1889~1961)를 본격적으로 접하고 알게 된 건 2013년, 기대 없이 들어간 덕수궁 현대 미술관에서의 야나기 수집전시에서였다. 그의 이야기는 들었으나 수집을 통해 그 미美의 향취를 맡은 건 처음이다.

신선한 놀라움이었다. 모은 수집품이 백자 청자 같은 값비싼 도기류가 아닌 당시엔 아무도 거들떠보지 않던 서민 일상의 도기, 그릇, 빗, 실패 같은 용품이었다. 느슨하고 완벽하지 않은데 사랑스러웠고 미소 짓게 했다. 앞서간 그의 높은 안목을 느끼며 마음이 따뜻해졌다.

더욱 놀라운 건 그런 것의 예술성을 보면서 그걸 만들어낸 나라와 민족에게 한없는 경애의 마음을 그가 가지게 되었다는 사실이다.

'민예民藝'라는 이름도 개념도 없던 때, 그 이론을 세우고 자신이 살고 있는 지역에서 사용하는 일상적인 것의 가치를 통해 내일의 창조를 이끌어가는 시도를 했다. 도기는 물론 갓, 신, 치마저고리, 산 능선까지 '조선의 선'에 감탄한 그는 '조선의 아름다움에 스며있는 슬픔'을 스스로 느끼

며 그것을 '비애미悲哀美'라 명하여 세계로 알렸다.
우리 민족의 뛰어난 문화가 사라져가는 것이 걱정되어 우리를 대신하여 미술관 건립을 결심하기도 한다.

미술관을 지으려는 목적은 그저 공예품을 전시하려는 게 아니라 그의 글에 썼듯 조선민족 미술관이, 사라져 가려 하는 민족 예술의 사라지지 않는 지속과 새로운 부활로의 원동력이 될 것을 바랐기 때문이다.

그의 마음이 내 어딘가에 남아 있었고, 그 후 NHK TV에서 그의 스토리를 흥미롭게 보기도 했는데 마침내 동경대학 근처에 있는 그의 '일본 민예관'을 보게 된 것이다.
이름 없는 장인들이 만든 일용품을 통해 만난 새로운 미美의 개념을 널리 보급하기 위해 그는 '민예'라는 이름을 지었고 1936년 동경에 '일본 민예관'을 세워 '미의 생활화'를 지향하는 민예 운동 본거지로 삼아 전람회와 수집 연구 집필 등 다양한 활동을 전개하게 된다.

'일본 민예관'은 예사롭지 않은 이층 저택이었다. 그의 안목으로 고른 일상의 여러 물건이 아래위에 전시되어 있었다. 일본과 해외 물품 속에 조선의 것들이 눈에 띈다. 우리 삶에 너무 흔해 버려버린 것들이 그의 눈에는 아름답게 보여 수집되었고, 객관적 안목으로도 탁월한 일관된 선택이어 세계인의 사랑을 받고 있다. 우린 버렸는데 세계인은 그가 모은 것을 보러들 동경에 오고 감동하는 것이다.

귀국 후 그 마음이 식기 전에 서울 경복궁에 있는 국립고궁박물관에서 왕족과 일상의 가구와 도기를 들여다보면서 야나기 무네요시가 뽑은 일상의 것이 얼마나 흐뭇하고 인간적이며 마음 따뜻하게 하는 것인지를 새삼 느끼게 된다.

세상을 아름답게 볼 수 있는 세심한 눈과 그런 마음이 있었기에 그것들을 보고 붙잡을 수 있었겠는데 그렇다면 그런 심미안은 어디로부터 오는 것일까를 생각하게 한다.
대학원에서 '문화예술 인문학'을 가르치며 문화와 예술, 더더구나 문학은 세세한 안목을 끊임없이 키워나가야 하는 것이라고 누차 강조해온 나로선 더욱 그런 생각이 든다.

민예관 작품에 설명을 줄인 것도 마음에 든다. 작품 감상은 지식이 아닌 그 어떤 것에도 매이지 않는 자유로운 눈과 마음으로 보는 것이 중요하다는 그의 생각 때문이다.

같은 한 삶을 살아도 야나기 무네요시 같이 따뜻한 안목으로 삶을 바라볼 수 있다면, 더구나 그 눈에 보이는 물건을 만들어 낸 장인정신과 그 민족 그 나라까지 사랑하게 되며 연구 저술 이론전개와 세계에 알림 등에 창조적 발상의 삶을 산다면 흔히 바라는 장수를 넘어 그거야말로 생生을 길게 살아가는 방법이 아닐까 하는 생각을 해본다.

흔히 수집하는 사람이 큰 사업가인 걸 보면서 서울서 그의 첫 전시를 봤을 때 수집 외에 그는 무슨 일을 했을까 궁금

했었다. '일본 민예관'에서 수많은 책에 쌓여 연구 삼매에 파묻힌 그의 사진을 보면서 그게 얼마나 무지한 생각이었는지를 새삼 깨닫는다.

민예관 맞은 편엔 그가 직접 설계하고 숨 다하기까지 생활하여 유형문화재가 된 야나기 무네요시의 사택, 서관이 있는데 한 달에 네 번만 오픈하여 다음으로 미루었다.

동경이라는 큰 도시에 가면 이것저것 볼 것이 많아 웬만큼 몇 번 가서야 '야나기 민예관'까지 발길이 가닿지 않을 수도 있다. 그러나 우리 민족의 민예를 일찍이 알아본 그 선각자의 뮤지엄에 가보기를 권한다. 마음이 따뜻해져서다.

자료에 파묻힌 야나기 무네요시柳宗悅

# 긴자銀座 6

한국 신문과 미디어에까지 동경東京의 '긴자 6 Ginza Six'의 오픈 소식은 요란했다.

동경에 갈 때마다 머무는 곳 가까이에 있는데 전에는 마츠자카야松坂屋 유명 백화점이었다.

긴자銀座에 오래 있었던 백화점 마츠자카야松坂屋가 쉬크한 이름 'Ginza 6'로 마침내 다시 태어난 것이다.
여러 해가 걸렸다. 긴자는 동경에서도 가장 번화한 거리로 스무 살에 그 거리를 걸을 때만 해도 밟는 발자국마다 천문학적 금값이라는 소리를 들었었는데 거기서도 이곳은 노른자위 중 노른자로 그 크기로 말하자면 긴자로선 도저히 믿을 수 없을 만큼 그 거리의 핵심인 '긴자銀座 4 정목' 대로변에 길고도 길게 서 있다.
전혀 다른 모습이 되었지만 그 앞에 서니 옛 생각이 물큰 난다. 아버지와 함께 한 추억이다.

차가 못 다니는 주말이어 사람이 인산인해다. 외국인들도 많이 섞여 있을 것이다. 내 사진을 찍어준 이도 베트남에서 온 소녀였으니.

널찍하고 모던한 서구식 입구를 들어서니 시원하게 6층까지 뻥 뚫렸는데 천정에 대형 철제 호박 조형으로 세계적으로 유명한 일본 여성 조형작가 구사마 야요이草間彌生의 펌킨을 응용한 자이안트 벌룬이 주렁주렁 매달려 있다.

1 2 3 4 5층, 세계 어디를 가나 다 있는 불가리, 발렌티노, 이브 생 로랑 등 그 상점들이 어지러워 뻥 뚫린 애트리움Atrium 내부 건축만을 바라보며 에스컬레이터로 곧장 6층을 오르니 와아 놀라운 광경이 벌어진다.
백화점내 기대 못한 츠타야 서점蔦屋書店이다.

츠타야는 한국 미디어에도 소개되었으나 내가 처음 본 것은 몇 해 전 교토에서였다. 교토에서도 신선한 그 모습이 놀라웠으나 처음 생긴 게 동경이었고, 긴자 6 츠타야蔦屋의 이 새로운 모습에는 '책을 테마로 해 이리 멋질 수도

있는 것일까' 하며 다시 놀라게 된다.

어느 나라든, 일본처럼 독서율 세계 1위라 할지라도 이 디지털 시대에 종이 책을 판다는 건 쉬운 일이 아니다. 그런데 세계적으로 금싸라기 땅인 이 위치를 책방으로 한 발상이 신선한 충격이다. 6층을 올라서니 사람들이 그득하다. 복합 서점 가운데로 고급스런 스타벅스 찻집이 자연스레 스며있고, 책 전시가 책 크기도 종류도 전시 스타일도 실로 다양다색이어 대단한 눈요기로 펼쳐진다.

긴자 6가 생긴 이후, 동경을 가게 되면 나는 많은 시간을 거기서 보낸다. 다른 어느 곳보다 재미있고 흥미로워서다.

여행 중 짐 하나 느는 건 골치거리다. 더구나 나처럼 세계로 모녀 책을 들고 가야 하는 사람에게는. 요번에 츠타야

엘 가면 얌체처럼 실컷 읽고 눈요기만 하곤 사지는 말아야지~ 결심에 결심을 하건만 나올 땐 양손에 들고나오며 스스로 어처구니 없어 한다. 안 살 수 없게 만들어서다.

그렇게 몇 도시에 8개를 기발한 아이디어로 차린 츠타야 蔦屋 서점도 대단하나 그런 크기의 전 층을 책방에 내준 백화점도 대단하다. 모인 사람의 숫자와 반응도 대단하다.

옥상을 오르니 숲과 잔잔한 물이 바닥에 흐르고 아이들이 맨발로 노니는 것이 복잡한 대도시임을 잊게 한다.
그걸 바라보며 그리운 기억들을 떠올린다.

40년 전 아버지와 함께 걷다가 길게 늘어선 마츠자카야를 들어갔었지. 마침 런던의 윔블던 테니스 대회가 TV로 나오고 있었다. 서울에선 그런 세계적 스포츠 게임을 볼 수 없었을 때여서 한동안 흥미롭게 보시던 아버지였다. 국제회의에 자주 가시던 아버지는 영어를 좀 해서인지 나를 늘 데리고 가셨다. 애국심과 리더십을 몸에 익힌 때였다.

언제까지나 함께 하는 줄 알았고 그 자리에 꼭 계실 것만 같았던 아버지는 신기루처럼 잠시 몸을 가리셨고 나만 남아 그 시절 그 자리에 새 건물을 이렇게 바라보고 섰다.

아버지 바라시던 대로 내가 되어가고 있는가
함께 한 자리에 서면 그 생각이 단단히 나를 잡아주네

# 엄마의 치도리가후치千鳥ヶ淵

동경東京을 여러 번 갔다 해도 타이밍이 맞지 않거나 몰라서 치도리가후치千鳥ヶ淵의 연못물로 빨려 들어가는 그 분홍빛 폭포를 못 본 사람은 많을 것이다.

스무 살부터 동경에 많이 간 나도 그 이름을 들은 적이 없었다. 가신 후 어머니의 전기집 '풍설의 가인風雪の歌人 손호연의 반세기'를 보기 전까지는.

키다데 아키라北出 明씨는 일본 국제관광진흥원 서울 소장으로 5년 (1993~1998)을 서울에 주재했다. 일본으로 귀국하기 조금 전에야 어머니를 만나게 된 그는 한국에 머무는 동안 가장 감동한 분으로 어머니를 꼽았다. 일본으로 돌아가기 직전 만나게 된 걸 몹시 아쉬워하며 손호연의 일생을 책으로 내기로 결심을 하게 된다. 공직에 있던 분이 처음 작가가 되는 순간이다.

휴가를 맞을 때마다 서울로 날아와 어머니를 4년여 인터뷰하고 취재했다. 그렇게 일본 굴지의 출판사인 고단샤講談社에서 '풍설의 가인風雪の歌人'이 출간되고는 어머니가 동경 출판기념회에 참석하였고 매스컴으로 화제가 되었다.

태어나니 나라 잃은 시대였고 조선의 마지막 왕비 일본인 '방자 여사'가 동경 유학을 보내주어 가정학을 전공하면서 단가를 짓기 시작했고, 귀국 후 서울에서 일어로 가정학을 가르치게 된다. 1945년 해방이 되자 일어로 시 짓는 것이 마음에 걸렸지만 17살에 몸에 밴 것을 빼내는 건 쉬운 일이 아니었다. 남북 분단, 6.25 동족상잔의 전쟁이 터지고, 아버지(나의 할아버지)의 북으로의 납치, 3년간의 부산 초량 피난 시절이 이어진다.

그런 금현대 아픔의 시대를 살아온 것만도 힘들었는데 제목까지 '풍설의 가인, 눈 폭풍 속을 살아온 시인'으로 하고 싶지 않았으나 전기집을 쓴 키다데北出씨가 그런 역경과 시련을 거치고 대가가 된 것에 독자들이 힘을 얻을 것 아닌가 라며 설득했다고 어머니에게 들었다. 치마저고리를 입은 사진의 표지엔 '단가 짓는 시인의 모국어는 일본어가 아니었다'라고 쓰여 있다.

가신 후에야 어머니의 여러 원고 연구 중에 내 눈에 띄게 되었다. 수백 수의 단가 詩가 그 전기집에 들어있다. 우리 민족이면 맞았을 파란만장의 일생을 31음절 짧은 시에 함축해 표현해낸 것이다. 많은 시에는 자신의 삶도 들어 있지만 그 인생의 배경인 대한민국 현대사가 죄다 나온다.

남편과 할머니, 다섯 남매를 기르시던 어머니의 시를 쓰는 모습은 아주 말년을 빼고는 본 적이 없다.

늘 조용하신 어머니는 나에겐 '그냥 엄마'였다.
전화로 '밥은 먹었니?'가 제일 많이 들었던 말이다. 이제는 어머니의 일생을 왜 묻지 않았을까, 손호연 프로젝트를 하면서 후회막심이지만 그때 코앞의 일로 바쁜 나에게 엄마가 자신의 가치나 시의 배경을 이야기해 주었다면 얼마나 좋았을까 하는 생각이 든다. 들을 태세였다면 왜 하시지 않았겠는가.

키다데 아키라씨는 고이즈미 일본 수상이 한일정상회담 연설에서 어머니의 평화의 시를 읊고 그 평화의 정신을 이야기하자 다시 두 번째 손호연 전기집을 동경서 내게 된다.

인상적인 것은 교토를 방문해 나카니시 스스무中西 進 선생 댁에 머물고는 역전에서 헤어지며 다시는 못 볼 것처럼 흠씬 우셨다는 이야기와 밀가루에서 추출한 글루텐으로 만든 후麩 요리 이야기였다. 그 후 나도 나카니시中西 선생과 교토의 후麩 요리하는 역사 깊은 한베이를 찾았다.
최근 미국에서 대체 고기로 고기 맛을 내는 것으로 화제가 되는 걸 보면서 1689년부터 그걸 만들고 있는 한베이 생각을 했다.

'풍설의 시인 손호연의 반세기'

동경 이야기로는 치도리가후치千鳥ヶ淵의 벚꽃을 잊을 수 없다는 게 마음에 남는다. 봄이 오자 거기로 향했다.

그곳은 천왕이 사는 황궁을 빙 둘러싼 연못의 일부다.
늘 머무는 숙소 앞인데 왜 그걸 몰랐을까 싶은데 연못이 워낙 커서 숙소에서 걷는 거리는 아니었다.
물 양쪽으로 오래 묵은 벚나무가 길게 늘어져 있는 게 장관이다. 그날 하루 만나는 세 팀과 낮부터 밤 조명까지 세 번을 하루에 가보기도 했다.

그 피어남의 절정이란 겨우 이삼일, 인산인해이나 무리 없이 2 키로 넘는 산책길을 걸었다. 감탄의 경지를 넘어서인가 누구 하나 표현 없이 모두들 조용히 움직였다.
구경도 구경이지만 어머니가 70년 전 보신 그 광경을 이어서 이 딸이 보는 감격이 더해진다.

반나절 너머 기다려야 하는 배타기는 엄두를 못 내나, 분홍빛 폭포수가 쏟아져 내리는 배경에 연둣빛 물을 노 젓는 씬은 영화보다 강렬했다. 며칠만 볼 수 있는 색의 조화다.

어머니는 저 광경을 바라보면서 무슨 생각을 하셨을까. 곰곰 생각해보는 동경 치도리가후치千鳥ヶ淵의 봄 산책이다.

詩로 먼저 표현하신 어머니<br/>그 순간 무슨 시를 떠올렸을까

치도리가후치 연못에 꽃은 피는데

## 쿠사츠草津의 봄

말로만 듣던 일본의 군마현 쿠사츠草津에를 드디어 왔다.

지난해 사고로 입원했을 적에 누군가 가져다준 신문 주말 섹숀 전면에 일본의 시커먼 온천물이 났었다. 생전 처음 하는 낯선 곳의 입원이 넘 갑갑하여 얼른 나가 그런 온천에 그 기간만큼 길게 있어 보는 게 소원이었다.

그러던 어느 날, 20여 년 전 미국에서 귀국했을 때에 잘 정착하도록 내게 사랑을 베풀어준, 못 본지 오래된 선배 언니가 문병을 왔다. 온천 이야기를 하니 하용조 목사님이 끝에 머문 곳이 쿠사츠 온천이었고 가신 후 부인이 '쿠사츠의 봄'이라는 책을 냈다고 했다. 후에 읽어보니 곁에서 지켜보았던 분의 수기가 감명이었다.

그 선배의 인도로 내가 온누리 교회를 미국서 오자마자 10여 년 다녔는데 당시 하 목사님의 건강을 위해 많은 교인이 기도했고 겨울에 하와이에서 요양한다는 건 들었는데 일본 쿠사츠에서 지냈다는 이야기는 처음 듣는다.

섬나라 일본은 어딜 가나 온천이 쏟아지지만 그 중에도 치유를 목적으로 하는 온천은 따로 있다는 걸 안 지는 얼마 되지 않는다. 어머니 시비가 서 있는 아오모리 일본 최북단에 그런 온천이 몇 개 있고 쿠사츠도 그중 하나다.

동경서 기차 두 번과 버스를 타고 가는 길이 3시간이 걸리니 왕복 꽤 먼 길이었다. 당일로 하는 거리는 아니어서 일본 팬인 Ami 모녀와 함께 하루를 온천 료칸에 묵었다.

3월 말, 봄일 줄 알고 간 그곳은 동경보다 북쪽이어 눈이 쌓였고 해는 빛나는데 산에서 불어오는 바람에 눈이 마구 휘날렸다. 스키 타는 곳이었다. 인구 3천 명에 온천을 찾는 인구가 한 해 3백만 명이라니 천 배가 되는 숫자다.

마을 중심에 유황 밭 유바다케湯畑가 널찍이 깔려있고 일일 용출량이 일본 최고로 2만 3천 드럼통이나 되는 온천

수가 폭포되어 엄청나게 흘러넘치는데 그 모양이 장관이다. 족욕들을 하고 있었고 여기저기 온천 하는 곳과 공연하는 곳에 긴 줄이 서 있었다.

에도시대 무사들이 다치면 이곳을 찾았다고 하고, 1876년 독일에서 와 동경의대에서 26년간 병리과 내과 부인과를 연구했던 베르츠 Erwin Von Balz 박사가 쿠사츠 온천의 우수함을 세계에 알리면서 유명해졌다. 피부 질환과 외상, 눈의 결막염 등 여러 효능이 있어 '사랑 병'만 빼고는 다 좋아진다는 게 그곳 말이다. 몽골리안 반점의 이름을 지은 이도 그다. 일본사람들이 해보니 좋았다는 온천 제 1위, 가고 싶은 온천 1위로도 뽑힌다.

일본 3대 명천名泉이 게로, 아리마, 쿠사츠 라 한다.

쿠사츠는 고도 1200미터로 그곳 야채는 모두 그 산에서 나는 것들이다. 하룻밤 짧은 일정으로 미처 보진 못했으나 시라네산白根山과 스케일 큰 고원에 다양한 하이킹 코스들이 있다.

인간의 삶이 생산과 근로만으로 채워지는 것이 아니어서 점점 더 레저 관광이 번창해 가는 게 세계적 추세인데 료칸과 상점 등, 에도시대江戶時代 흔적이 남아 있어 옛 문화의 정서도 느껴 볼 수 있고 상질의 온천물마저 엄청 쏟아지니 이 작은 마을의 이름이 세계로 크게 날만도 하다.

하 목사님의 장모님이 내 어머니와 오래전 동경 유학을 함께 한 사이여서 한동안은 어머니가 조금만 편찮아도 목사님이 기도하러 달려오곤 했었다.

오래도록 넘 고생하신 목사님이 끝에 이곳서 휴양을 했다는 생각에 떠오르는 그분의 순박한 음성과 모습에, 하나님은 왜 좋은 사람을 먼저 데려가시는 걸까 하는 생각을 투명한 저 하늘을 바라보며 하게 된다.

*피부에 와 닿는 시커먼 물이*
*마음속 깊이에까지 가닿았으면 싶은*

*차가운 쿠사츠의 봄*

## 오쿠도고奧道後에 땀을 씻으며

지금은 오랜만의 일본이요 시고쿠 섬의 마쯔야마松山입니다. 그것은 일반적 휴가나 불볕더위와는 관계가 없습니다.

지난 몇 해 타국의 공부와 그 기록의 집필, 책과 영상 다큐 만듦으로 고단한 나날이었습니다. 나에게 새파란 지중해를 보이는 선물이라도 하고 싶었으나 아직은 멀리 갈 수 없어 가까운 델 알아보니 8월 어디고 자리가 없었습니다.

그제야 아 지금이 휴가철이로구나 알았습니다.
지난 1월 사고로 갑자기 입원하여 매일 통곡할 때에 어느 신문 전면에 난 온천 사진 기사를 하나의 희망으로 병원 무채색 벽에다 붙쳐놓고는 하루빨리 뛰쳐나가 거기 있던 기간만큼 뜨거운 물에 저하된 기분을 녹여내고 싶었습니다.

한참 씻을 수도 없는 걸 참다 자리 하나 얻은 게 일본 4섬 중 제일 작은 남쪽 시고쿠四國의 마쯔야마松山입니다.

인구 50만의 도시 마쯔야마는 어느 온천에나 있듯 다리 다친 백로가 바위에서 솟는 더운 물에 상처를 적시자 나아서 날아갔다는 이야기가 있는 곳입니다. 역사가 3천 년이 넘는, 일본의 많은 온천 중 가장 오래된 온천이고 보면 여기가 그 백로 이야기의 오리지날이고 다른 데가 그 이야기

시간마다 열리는 오쿠도고奧道後의 시계탑 인형극

를 본 딴 것이 아닌가 하는 생각이 듭니다. 그러고 보니 한국에도 도고 온천이 있네요. 그 유명 온천에서 따 온 이름이 아닌가 싶습니다.

나쯔메 소세키 夏目漱石 문학관의 세계 저서들 - 마쯔야마

천년도 더 전, 천왕이 도고 온천에 들렸다는 게 이야기 거리이고 좀 더 들여다보면 동경대 교수를 했던 일본 근대문학의 아버지 '나쓰메 소세키 夏目漱石'가 중학교 영어 교사로 있을 때 '봇짱坊っちゃん'(도련님)이라는 세계 수백 종의 버전이 있는 소설을 쓴 곳이요,
17음절의 정형시, 하이쿠를 혁신시킨 '마사오카 시키 正岡子規'의 고향이기도 합니다.

선진국들은 어느 작은 마을을 가도 그런 '인문학적 스토리'를 간직하고 주민들 가슴에 깊이 새기는 걸 봅니다.

내가 며칠 머무는 '오쿠도고奧道後'(도고의 깊숙한 곳이라는 뜻)는 그런 도고道後에서 30분 떨어진 곳에 있습니다. 산속에 오래된 호텔 하나만이 있을 뿐인데 유명한 도고 온셍溫泉보다 온천의 수질이 좋다는 게 자랑입니다.

떠나는 순간까지 일상에 매여 일기정보도 안 본 채 왔더니 관동의 동경 지역에서 히로시마 오카야마, 최근의 큰 호우 피해지를 거쳐 여기 시고쿠까지 호우 태풍이라고 밤새 대피 뉴스가 요란합니다. 그 뉴스를 보면 다음 날 태풍으로 여러 달 별러 온 내가 꼭 날라갈 것만 같았으나 아침에 깨니 두어 시간 비가 세차게 오고는 숲 사이로 햇빛이 나고 여름 기온이 내려가 시원해진 게 아직은 다입니다.

내가 만나 본 프랑스의 국민 의사 Saldman이 말하는 건강 비결을 보면 한 달에 12번 이상 사랑을 나누라는 것도 있지만 눈에 띄는 것이 친숙한 곳과 친숙한 것들을 어서 떠나라는 것이 있습니다.

무 토막처럼 자를 수도 없는 일상을 자르고 친숙함을 떠나왔으나 스마트폰까지 버릴 용기는 없었습니다. 그러나 생각하면 그것은 친숙함의 으뜸으로 지구 어느 구석진 깊은 곳을 간다 해도 버리고 온 친숙함을 다 연결해 줄 것입니다. 아니 이 지구별을 떠난 후에라도 즉결되는 무언가를 우리 인류는 반드시 만들어 낼 것이라는 생각도 듭니다.

그렇다면 실현 가능한 건강의 비결은 무엇인가, 산다는 건 무엇인가, 빠르게 변하는 세상에 우리 인류는 과연 어떤 방향으로 나아가는 것인가, 생각에 잠기며 이열치열 숲속의 청정 따끈한 온천물에 깊이 잠겨보는 한여름입니다.

십 년의 땀을 씻어내네 도고 온천
마사오카 시키의 하이쿠

언덕 위 마쯔야마松山 성省

# 시 읊는 택시 운전사

동경에 도착해 공항 하네다羽田 수속을 빠져나오면 처음 대하는 일본사람이 택시 모는 기사다.

어디에서나 처음 대하는 사람의 인상은 크기 마련이다.

우리나라에도 오래전 있었던 도요타 크라운 형의 큼직한 택시 뒷좌석이 스르르 자동으로 열리고 모자와 단정한 제복을 입은 기사가 차에서 내려 깊이 절을 하고는 40분 정도 시내로 달린다. 차 내부도 유난히 깨끗하지만 뒷자리에서 느끼는 기사 목소리의 음량이나 자세, 차 안의 디테일한 분위기가 이 나라의 분위기를 보여주기 시작한다.

요즘은 공항서 막 바로 지하철로 시내가 연결되어 빠르고 절약도 되지만, 작으나 손짐도 있고 본론으로 들어가기 전, 모르는 사람과 부담 없이 몇 마디 나누며 분위기를 보는 걸 택하게 된다. 그간 동경이 달라진 게 무엇이냐 말을 걸면 아는 대로 차분하게 말을 하는 게, 가까운 이웃이지만 아 내가 외국에 왔구나를 느끼게 해 준다.

한국에서 온 걸 알게 되면 조심스레 박근혜 대통령이 정말 그렇게 많은 뇌물을 받은 건가요? 묻기도 하여, 이 나라에 그간 나온 한국 뉴스가 무엇인지를 알게 된다.

재일교포 유봉식씨가 창업 경영한 MK 택시가 친절하기로 세계적으로 유명하여 한때 그 성공 신화가 우리나라 TV 드라마와 다큐로도 널리 알려져 떠들썩했는데, 30년 지난 지금 우리에게 무슨 영향을 주었는가 싶으나 일본은 굳이 그 회사뿐 아니라 어느 택시를 타도 같은 서비스다.

여러 해 전엔 그 택시에 톡톡히 신세를 지기도 했다.

동경의 어느 공원 근처에서 구수한 냄새가 나 다가가니 고구마를 굽고 있었다. 줄에 서 기다리다 속 노란 군고구마를 받고 지갑을 꺼내 값을 치루고는 양손에 어색하게 들고서 택시를 탔다. 신주쿠新宿에 도착해 지갑을 찾으니 보이질 않아 당황하며 좀 전 고구마 산 생각이 났다.

택시 값도 당장 걱정이었으나 앞으로 며칠 머물 생각에 낭패였다. 일본은 신용카드를 안 받는 곳도 있기 때문이다. 사정을 안 기사가 도로 돌아가 근처 파출소를 데려다주었다. 30분 좀 지났는데 누가 그 지갑을 벌써 가져다 놓았다. 일본에서 무얼 잃으면 파출소로 가는 것조차 모르던 때에 거기서 그걸 고대로 찾은 것도 놀랍지만, 기사가 귀찮아 하지 않고 걱정하는 마음으로 자기 일처럼 전심을 다해 도와준 것에 놀랐다. 그야말로 신세를 진 것이다.

교토에서도 가끔 택시를 탄다. 동경은 기본요금이 720엔이고 교토는 420엔이다.

타다 보면 가끔은 묻기에, 작가로 모임이 있어서 왔다고 하면 내 작품을 보고 싶다고 한다. 인사차 그러는 것으로 생각했으나 정말로 열정적으로 보고 싶다고 하여 룸으로 올라가 몇 번이나 단가집을 가져다 준 적도 있다. 그들은 이메일로 지금도 일어로 된 나의 글을 받아보고 있다.

목적지에 데려다주는 것으로만 안 택시 기사가 친절은 물론 단가 시를 줄줄 외워 감동을 주는 적도 있다. 그들의 자세와 마음가짐을 바라본 아래와 같은 예도 있다.

2011년 동일본에 커다란 쓰나미津波가 나고 얼마 되지 않아 교토를 찾은 적이 있었다. 머물던 네네노미치ねねの道 료칸에서 나오니 평소 잡는 게 쉽지 않던 택시가 길게 줄을 서 있었다.

쓰나미로 원전 사고가 난 후쿠시마福島는 사실 교토하고는 멀어도 많이 먼 거리다. 욘사마와 이병헌에게 홀딱 반한 료칸 오카미상(おかみ 女將 여주인)은 '교토는 후쿠시마와는 너무 멀고 상관도 없는데 방 잡을 수도 없는 이 계절이 다 비어 버렸으니~' 투덜대었다. 택시도 여러 시간 줄을 선 듯해 긴 줄 맨 앞으로 가 타려니 뒤차들에 신경이 쓰여서 미안한 마음이 일었다.

기사에게 '갑자기 큰 재난이 나서 손님이 안 와 어렵지요? 많이 기다린 것 같아 안됐고 미안하네요' 하니 '아 아닙니다. 이렇게 타주시니 너무나 감사드립니다' 한참이나 허리를 숙였다. 그 태도가 진심으로 보이고 이제라도 타주어 고마워하는 마음, 수많은 국민이 간 것에 대해 애타하는 마음, 자신이 살아남아 미안하다는 마음이 자세와 표정에 보여 감동을 준 것이다.

'말 마요. 지난 여러 달 개미 한 마리도 없었어요~' 쏟아져야 할 하소연 하나 없이 겸손히 그저 감사만 하던 그 모습을 이제껏 기억하며 그것이야말로 서비스하는 사람의 기본이며 인간의 베이식 자세가 아닐까 하는 생각을 지울 수 없다.

자 우리는 어떤가.

나는 서울에서는 운전을 안 해 걷거나 가까운 곳은 택시를 탄다. 우선 기사들이 정치와 사회 돌아가는 것에 해박하고 관심이 많다. 집이 광화문 근처여서인가, 자연 정치 이야기가 나오고 사회 불합리한 이야기가 나와 공감하기도 하나 그 마음에 합당하지 않은 것이 약간 비치기라도 하면 거친 주장이 쏟아져 차 타고 있는 게 죄스럽기도 하다.

복장이 만족스럽지 않고, 고상한 분도 있으나 거친 태도가 종종 보여 조용히 있는 게 상책이다. 서촌이 수십 년 살아온 마을이어 어쩌다 중앙청 쪽으로요, 하면 중앙청을 처음 들어본다는 기사가 꽤 있는가 하면 남대문 동대문을 모르기도 한다. 중앙청은 옛말이어 그렇다 쳐도 남대문을 모르면 어떻게 택시를 해요? 하면 많은 이가 나온 지 한 달이 안 되어~ 라고 한다. 서비스 교육을 받은 것 같지도 않다. 요즘은 내비가 있어 그나마 방향만은 해결이 됐다.

예문들 중 하나만 들자면 간사이關西 공항이나 하네다羽田 공항에서 타고 김포에 내리면 택시 줄로 간다. 줄에 서서 기다리다 차례가 와 타게 되면 안심이 된다. 한 번은 10분쯤 달리더니 기사가 '에이 두 시간이나 기다렸는데 가까운 데가 걸려 속터진다' 는 거였다. 교토에서 며칠 받던 공손함에 조금 익숙해질 무렵이어 '아니 탈 때 말하시지, 한참 달리다 지금 그러면 어떻게 해요? 내릴 수도 없고'
순서가 되어 태우고 달리다 그제사 터친 말이겠으나, 나로선 집이 대전 원주가 아닌 죄로 절절매야 했다. 그 바늘

273

방석이 생각보다 길었고 3만 원이면 적은 값도 아닌데 얹어주고도 속이 편치 않았다. 귀국 길에 공항 택시 줄에 서게 되면 그 생각이 꼭 난다.

자연 지난 며칠 간 일본에서 손님 대접을 제대로 받으며 타던 택시는 모범 중 모범이었나? 하는 생각이 든다.
일본에는 모범택시가 따로 없다. 미국처럼 계산해 팁을 주는 것도 아니다.

동경 올림픽에 앞서 선진국사람들에게 불만 앙케이트 조사를 하니 '택시 값이 비싸다'가 불평 1위였다고 한다. 그래서 동경 기본요금이 420엔이 되었다.

우리 기사에게 어쩌다 일본 택시 이야길 하면 거긴 택시 값이 비싸잖아요- 한다. 이젠 우리 기본도 4800원, 중대형 검은 세단 모범은 7000원이다. 별 차이 없다. 그러나 고객이 느끼는 보이지 않는 차는 크다. 거기서 탄 외국인이 서울 와서 택시 탈 생각을 하면 조마조마해진다. 그들이 처음 접하는 이가 기사이기 때문이다.

세계적인 시사 주간지 TIME 지가 '세계 최고의 서비스 기업 1위 - 일본 택시'로 뽑은 나라, 하버드 경영대학원에서 신칸셍新幹線이 종점서 쉬는 8분 내에 길고 긴 그 기차 전체를 완벽하게 청소해 내는 장면을 직접 가서 체험하는 나라, 바로 그 곁에 우리가 살고 있다.

그러나 생각해보면 우리 모두는 누군가에게 서비스를 하며 살아가는 사람이다.

남 이야기할 때가 아닌지 모른다.

단가 詩 줄줄 외우던 기사의 음성이 떠오르네
　머물던 숙소에 이르기까지

칼럼과 기사

# 어머니의 유언

손호연의 평화의 시를 읊은 한일정상회담 - 청와대 2005 6 20

    절실한 소원이 나에게 하나 있지
        다툼 없는 나라와 나라가 되어라

이것은 2005년 노무현 대통령과 고이즈미 준이치로小泉純一郎 총리의 한일정상회담에서 고이즈미 총리가 읊고 그 정신을 이야기한 시詩입니다. 작가는 한국의 단가短歌 시인 손호연입니다.

일제 강점기 동경 유학에서 그 시를 배웠고, 단가가 우리가 일본에 전해준 시라는 걸 일본의 새 연호 '레이와令和'

를 고안해 낸 나카니시 스스무中西進 선생과의 첫 만남에서 시인은 알게 됩니다. 한반도에서 사라진 시를 천 년 후 그 역사를 잇는다는 일념으로 지은 수많은 시에는 유독 조국祖國과 동아시아의 평화를 바라는 마음이 돋보입니다.

그 시를 새삼 언급하는 것은 냉각된 작금의 한일관계를 생각하며 딸로서 마음이 아프기 때문입니다. 일제침략과 강점기, 해방, 민족 간의 전쟁과 피난, 분단, 근현대사 역경의 일생을 온몸으로 맞으면서도 평화를 소원한 '어머니의 유언'이 떠오르기 때문입니다.

**동아시아 끝자락에 살아온 나 오로지 평화만을 기원했네**

2005년 한일정상회담 때만 해도 전국의 시위로 지금보다 덜 했던 건 아닙니다. 그러나 이번은 거의 단교 수준이 되고도 정쟁으로 덮쳐 얼마나 심각한지를 국민이 잊어가는 것이 안타깝습니다.

그래서 침착하게 생각해 봅니다. 선진국이면서 더 크게 보지 못하는 일본 정부를 생각하면 갑갑합니다. 임진왜란 정유재란 청일전쟁 러일전쟁까지 갈 것도 없이 일제강점기 35년간 이 나라의 의식과 언어를 말살하려 했습니다.

남에게 폐를 끼치지 않는다는 민족이 그렇게 폐를 끼쳤습니다. 그런데 우리가 폐를 끼친 건 무엇입니까. 기껏 강제

징용 배상판결입니까.

 시인의 일상은 조용했습니다. 일제 강점기의 고통이나 원망을 들어본 적이 없습니다. 그런데 동경 모교 대학의 백주년 기념에서 하신 특강 원고에서 이 글을 발견했습니다. '강연이 다 하자 서울서 함께 졸업한 소학교 일본 동창들이 다가와 예전에 잘못한 걸 사죄하려 먼 데서 왔다며 공손히 절을 했다. 차별당한 수십 년 전 의식이 눈 녹듯 녹아내리며 민족대립도 활짝 문을 열게 된 듯한 순간이었다'

용서하는 분의 마음에도 그런 응어리가 내내 있었다는 사실과 과연 사과를 하고 받으면 속마음이 풀어지는 거로구나를 새삼 깨우치게 됩니다.

우리 총리가 나루히토德仁 천왕 즉위식에 참석한다고 합니다. 일본통인 그는 전에도 일본 국회의원들을 만나러 가면서 손호연 시집을 70권 들고 간 '평화의 안목'이 있고 일본 총리도 최근 '한국은 중요한 이웃 나라로 항상 대화를 계속하지 않으면 안된다'고 말했습니다. 50개국 대표들과 회담을 한다 해도 이렇게 깊어진 골에 한일회담이 소홀할 수는 없습니다. 서로의 관계를 이제는 개선해야만 한다는 확고한 의지를 확인하는 단초가 되기를 바랍니다.

미국의 삶 후, 귀국한 조국에서 갈등 모순 다툼 보복으로 점철되는 한일관계를 수 없이 보았습니다. 그러나 정말 중요한 것은 멀어진 국민 간의 거리감을 좁히는 것입니다. 어려서의 일본 동기들 사과를 수십 년 후 받고 시인의 마음이 풀어졌듯 일본 총리가 진정으로 사과하는 모습이 비춰진다면 포용하기에 도움이 될 것입니다.

양국이 사이좋기를 바라는 마음을 시인은 많은 시로 남겼습니다. 혹독한 압제에 받은 차별과 상처, 국내 교육에서도 한글을 못 배운 아픔과 서러움이 컸지만 불화不和를 멈추기로, 한순간 결단하는 용기를 낸 것입니다.

그렇습니다. 결국은 마음이요 그런 결단입니다. 이 어마어마한 갈등의 쓰나미가 사라진다 해도 다시는 그런 쓰나미가 오지 않는다는 보장이 없습니다. 그러니 우리 하나하나도 이젠 그런 마음을 가지기로 굳게 결단해야만 합니다.

점점 더 좁아져 가는 세계, 31세기 41세기에도 후손이 함께 살아가야 할 바로 인접국 이웃인 것을 이제는 마음에 새겨야만 합니다. 세계는 양국 관계를 너무나 잘 알고 있습니다. 이제는 한·일 양국이 진정 화해했다는 것을 온 세계가 알도록 해야만 합니다.

'다툼 없는 나라와 나라가 되라' 는 어머니가 남기신 간절한 유언을 그래서 여기에 전합니다.

일본 민단신문                                2016 8 15

## 이승신의 '한일관계를 생각하다'
### 다툼 없는 나라와 나라가 되어라

식민지 시대, 17살에 일본으로 유학하여 단가를 배우고 2003년 숨이 다할 때까지 제일선에서 활약한 한국 유일의 여류 가인歌人 손호연孫戶妍은 일생 한·일 간의 인류의 사랑과 평화를 전심으로 바랬다. 손호연 시인 어머니의 정신을 계승한 이승신 시인의 한일 관계에 대한 생각을 여기에 엮는다

>  절실한 소원이 나에게 하나 있지
>     다툼 없는 나라와 나라가 되어라

이 한 줄의 시는 손호연 시인의 간절한 마음을 담은 것으로 노무현 대통령과 고이즈미 준이치로 총리가 청와대 정상 회담 중에 읊고 그리고 회담 후 외신기자 회견 연설에서도 읊고 그 정신을 강조하기도 했습니다.

시인이 가고 1년 후 2005년 초, 서울에서 '한·일우호의 해'가 선포된 자리에서 우리 대통령과 일본 대표인 모리 총리, 두 분의 훌륭한 연설을 들으며 거기에 시인의 평화 정신이 깃들여 있다면 완벽하겠다는 생각을 그 순간 했습니다. 그러자 곧이어 독도로 야기된 데모가 연일 이어져 한일우호의 해를 무색하게 했습니다.

심히 걱정을 하다 그 해 6월 20일에 한일정상회담이 오기에 우리 대통령에게 손호연의 평화 정신과 시를 보이며 시인의 간절한 소원을 말했고 일본에는 시인의 전기집을 일본 작가와 중의원을 통해 그 봄 제가 만난 모리 총리에게 전했는데, 내친김에 고이즈미 당시 총리에게도 전기집이 전달되었습니다. 총리가 중의원에게 그 책을 받아 감사하다는 전화가 왔다는 말을 듣고, 정상회담에서 손호연 언급이 있겠다고 직감했습니다.

10년 전 그 순간을 지금 새삼 떠올리는 것은 그때의 한국 데모가 대단했고 매스컴의 영향으로 전국이 여러 달 들끓었음에도 요즘 같은 최악의 한일관계로까진 가지 않았기 때문입니다.

저는 지금 그 시인의 딸로 무거운 마음으로 이 글을 쓰고 있습니다. 일제 강점기에 태어난 어머니는 많은 차별과 아픔과 상처를 받았음에도 서로 갈등 없이 평화롭게 살았으면~ 하는 마음을 일생 가지고서 간결한 시를 통해 표현해 왔습니다.

지구상 어느 나라치고 가까운 이웃과 문제없는 나라가 있겠습니까만 우리의 가장 가까운 이웃과의 지리적 역사적 관계로 야기된 일은 이제 수교 후 최장의 껄끄러운 기간이 되어 식민지 시대의 경험이 전혀 없는 저희 가슴마저 누르고 있습니다.

역사 인식, 독도 영유권, 위안부 문제, 일본의 집단적 자위권 행사 등의 사안으로 한일관계가 앞으로 나아가지 못하고 있습니다.

일본 정부는 문제가 있으면 만나 대화하자는 뜻을 전하고 있고 한국의 대통령은 서로의 시각 차이만 드러낼 것이면 무엇하러 만나느냐는 입장입니다.

무엇보다 슬픈 것은 전에는 반감이 좀 있어도 국민들이 그런 건 정치인들의 사정으로 보고 그다지 갑갑해하진 않았습니다. 그러나 지금은 그런 관계가 점점 길어지면서 혐한이니 반일이니 하는 어휘와 함께 양국 국민들 마음마저 소원해진 것입니다.

몇 해 전 동일본에 대재난이 들이닥쳐 놀라며 한국인으로 일본 궁중 '가회시의 의 歌會始の儀' (우다카이하지메노기)에 대가로 초청받았고 독자들은 아오모리에 높은 시비를 세워주었던 어머니가 계시다면 어떻게 위로를 했을까를 생각하며 250여 수의 제 단가집을 양국에서 낸 적이 있습니다.

그걸 계기로 매해 3 11에 최대 피해지인 미야기현 게센누마에 가서 시 낭독과 스피치를 해왔는데, 그들이 '한국 국민의 마음은 양국 정부의 마음과 다르군요' 라고 말했습니다. 오해가 풀렸다는 듯, 그리고 좋은 관계였으면 하는 그들의 표정과 마음에 제가 오히려 감동과 힘을 받았습니다.

일본 인구의 다수가 1400여 년 전부터 현해탄 바다를 건너간 한반도인의 후예라는 이야기를 일본 전문가에게 들었습니다.

경제 안보 정치 다 중요하지만 무엇보다 같은 피로 이어진 혈연이라 생각할 때 진정성과 애정 있는 좋은 관계를 하루 속히 가질 수 있기를 바라지 않을 수 없습니다.

이웃해 있어 가슴에도 가까운 나라되라고<br>
무궁화를 보다듬고 벚꽃을 보다듬네

어머니 가신 후 일본 출판인에게 들었습니다. 제가 어머니 시집에 보다듬고 라고 번역했던 '메데떼めでて'라는 단어에는 보듬다 인내하다 봐주다 포용하다 용서하다 보기 싫어도 보고 끌어안다 사랑

하다 라는 여러 뜻이 들어있다는 것입니다.
시를 설명하게 되면 독특한 그 의미가 날아가 버려 재미없어지지만 풍성한 의미를 지닌 어휘 '메데떼'를 선택한 어머니의 깊은 심정을 이제 저는 이해할 것 같습니다.

무엇이든 사람이 하는 것입니다.
그러려면 무엇보다 우선 마음이 있어야 합니다.
쉽지 않았지만 그런 마음을 가지기로 시인은 어느 순간 굳게 마음먹은 것이라고 생각됩니다.

결국은 마음입니다.
양국 정부는 물론, 우리 국민 하나하나도 그러한 마음을 가지기로 굳게 마음먹고 한·일 수교 50년을 뜻깊게 맞이할 수 있게 되기를 대한민국의 모녀시인은 소망합니다.


쓰라린 역사를 다 잊을 순 없지만
앙금 내려놓고 성숙한 평화를 기원하다


이승신

중앙일보　　　　　　　　　　　2018　7　14

INTERVIEW 〔배명복의 사람 속으로〕 작가 이승신

배명복 대기자

재팬패싱은 우리에게 손해..미·중만큼 일본도 필요

초여름 한 줄기 바람처럼 그는 내 앞에 모습을 드러냈다. 왠지 모를 시원함이 느껴졌다. 녹음기 위로 그의 말 조각이 파편처럼 흩어진다. 생각의 속도를 말이 따라가지 못하는 것 같았다. 흰색과 파란색이 분주하게 교차하는 하늘빛 아래 여름 나뭇잎은 싱그러웠고 어디선가 새소리도 들렸다. 두 시간 반이 금세 지나갔다.

사람은 대개 일로 규정된다. 하는 일이 그 사람을 정의한다. 이승신. 시인이자 수필가. 책을 써서 직접 출판까지 하니 저술가 겸 출판기획자. TV 방송 일도 하니까 방송인. 질문과 대답 끝에 이승신을 틀에 넣어 규정하는 것은 무의미하다고 느꼈다.

그에게 글이나 말은 도구에 불과하다. 작게는 한국과 일본의 우애, 크게는 세계 평화를 구현하기 위한 수단일 뿐이다.
'평화운동가' 가 그에게 어울리는 호칭일지 모른다.

## 일본인들은 마음을 고도로 중시

이승신은 '교토에 가면 한반도서 건너간 조상의 손길이 느껴진다' 며 '자기 문화로 승화시킨 일본인의 노력에도 고개가 숙여진다' 고

사진 김경빈 기자

발단은 일본의 고도古都인 교토였다. 십수 년 전 나는 교토를 2박 3일 방문할 기회가 있었다. 그때 받은 인상은 너무도 강렬했다. 그래서 '2005년 5월 교토의 추억'이란 칼럼을 쓰기도 했다.
한 달 전 운명처럼 내 손에 들어온 책 한 권이 희미해진 교토의 추억을 일깨웠다.

왜 교토인가

이승신은 최근 교토의 도시샤同志社대학에서 고전문학을 만학晩學 했고 그때 체험한 교토를 『왜 교토인가』라는 책으로 엮어냈다. 그걸 읽고 연락처를 수소문해 인터뷰 약속을 잡았다. 배정된 라커 룸을 사용한 흔적조차 안 남기고 깨끗이 치워 놓고 간 러시아 월드컵 일본 축구 대표 팀과 자기 팀이 패했음에도 쓰레기 봉투까지 가져와 주변을 말끔히 청소하고 떠난 일본 응원단이 세계 미디어에 화제가 되었을 무렵이다.

Q 일본대표팀과 응원단에 세계 언론의 찬사가 쏟아지고 있는데

A "그걸 보고 놀라는 게 더 놀랍습니다. 일본사람이 그러는 건 전혀 새삼스러운 일이 아닙니다. 뉴스거리가 아닌 거죠. 일본 어디를 가도 쓰레기는 고사하고 먼지 한 톨이 안보여요. 1년 365일 그렇게 사는 게 일본사람입니다."

Q 겉보기엔 깨끗하지만 막상 안에 들어가면 그렇지 않다는 얘기도 있습니다.

A "혼네本音와 다테마에建前 얘기를 하시는 것 같은데 적어도 제가 아는 한은 그렇지 않아요. 설사 겉과 속이 다르다 하더라도 겉보기에 청결하고 그리고 겉으로라도 친절하고 공손한 태도를 보이는 게 나쁜 건 아니지요."

그는 대학생 때 국제청소년회의 참석차 일본을 방문한 이래 100번도 넘게 일본에 갔다. 2015년부터 1년 반 동안 일본 고전문학을 공부하기 위해 장기 체류하기도 했다.

Q 일본 축구 대표팀에게 찬사만 있었던 건 아닙니다. 조별 예선 마지막 경기 종료를 앞두고 10여 분 공을 돌리는 '산책 축구'로 욕을 먹기도 했습니다.

A "감독 입장에선 16강 진출이 더 중요했겠지요. 그걸 위해 감독은 욕을 먹더라도 공을 돌리는 선택을 한 것이고 선수들은 그걸 따랐을 겁니다. 다른 나라 감독이라도 비슷한 선택을 하지 않았을까요"

Q 방문자로서 교토에 대한 인상을 '가슴 속 아득한 고향 같은 느낌'이라고 했습니다. 막상 살아보니 어떻던가요.

A "세계인이 감탄하는 교토의 고색창연한 건축물과 유적지를 볼 적마다 한반도에서 건너간 우리 선조의 손길을 느낍니다. 며칠 다녀오기만 했다면 지금도 그게 다였을 거예요. 교토에서 공부로 지내며 그게 다가 아니라는 걸 깨닫게 됐지요. 한반도에서 건너간 우리 선조와 그 후손이 만들고 가르쳐준 건 사실이지만 그걸 보존하고 새것을 짓기 위해 옛것을 부수지 않고 끈질기게 명맥을 유지하고 이으며 자기 문화로 승화시켜 온 일본인의 대단한 성취와 노력 그 정신에 고개를 숙이지 않을 수 없었어요"

Q 결국 한국만큼 일본도 대단하단 말씀인가요.

A "현해탄을 건너가 이런 위대한 문화를 이룬 조상의 DNA가 우리 안에 있다는 깨우침은 전율이면서 자부심입니다. 우리 향가에서 유래한 짧은 시가 일본에서 단가短歌로 발전해 그들이 그토록 소중히 여기는 문화유산이 되었고 프랑스 영국 미국 같은 선진국에선 학교에서 일본 시로 그 시를 가르치고 있습니다. 조상의 그런 DNA가 우리에게 있으니 마음만 먹는다면 일본 이상 잘 할 수 있다는 게 제가 꼭 하고 싶은 말입니다"

Q 뿌리는 많이 겹치지만 지금은 한국과 일본이 상당히 다른데요.

A "예를 들어 한국인은 고맙다는 말을 한 번 하지만 일본인은 상대

가 그만하면 됐다고 할 때까지 다섯 번이고 여섯 번이고 몇 번이고 고맙다며 절을 합니다. 사촌도 안 보면 멀어지듯 세월이 지나면서 서로 멀어지고 달라진 것이지요. 하지만 역사를 아는 일본사람들은 자신의 뿌리가 한국이 있다는 걸 인정합니다."

## 백제 유민 20만 명이 현해탄을 건너가

메이지 유신으로 1869년 도쿄로 천도遷都할 때까지 약 1100년 동안 교토는 일본의 수도였다. 일본의 일곱 번째 도시인 교토에는 사찰만 1600개가 넘는다. 고궁과 유적지도 많다. 벚꽃과 단풍의 명소로도 유명하다. 정보기술 IT 등 첨단산업의 메카이기도 하다.

교토대는 과학 분야에서만도 10명의 노벨상 수상자를 배출하기도 했다.

Q 일본엔 도쿄가 있고 오사카도 있는데 왜 하필 '교토'인가요.

A "한일관계가 좋아지길 염원하며 '교토'를 접점으로 삼은 것입니다. 교토에 가면 우리에게서 사라진 먼 옛 고향이 느껴지고 그 도시와 문화를 만드는 데 크게 기여한 백제와 고구려, 신라와 가야인의 숨결이 느껴집니다. 동생을 가르친 형의 큰마음으로 일본을 포용하고 뿌리가 겹치는 이웃 나라 일본과 손잡고 함께 미래로 나아가야만 합니다. 교토에 가면 우리가 지향해야 할 한일관계의 미래가 보입니다"

Q 말로만 해서는 소용이 없습니다. 한·일 양국이 좋은 관계가 되려면 어떤 실천적 노력이 필요할까요.

A "표 계산에 몰두하는 정치인들에게만 기대할 게 아니라 두 나라 사람이 만나 마음과 마음을 주고받는 게 중요합니다. 이런저런 연유로 일본과 개인적 인연이 없는 한국 사람은 거의 없을 것입니다. 일본에서 공부하면서 새삼 깨달았지만 일본인은 '마음'을 중시합니다. 우리가 전해준 불교 영향인지 모르지요. 그 옛날 우리 조상이 그랬다는 뜻입니다. 제 어머니가 '절실한 소원이 나에게 하나 있지 다툼 없는 나라와 나라가 되어라' 이 시 한 줄에는 전 생생을 품어온 절절한 마음이 담겨 있다고 생각합니다"

2003년 작고한 어머니 손호연 시인은 그 전통 시인 단가 시인으로 한국보다 일본에 더 잘 알려져 있다. 2000 편이 넘는 단가시 작품을 남겼다. 31음절로 이루어진 단가는 17음절로 된 하이쿠俳句와 함께 일본인들이 가장 아끼는 문학 장르다. 천왕이 단가의 대가로 궁에 초청했으며 한국 시인인 그를 사랑하는 일본인들은 그의 시비詩碑를 아오모리 록카쇼무라 六ヶ所村에 높이 세웠다.

## 교토에 서면 우리 선조의 숨결이 느껴져

Q 그 절절한 마음이 서로 합쳐져야 하는 것 아닐까요.

A "그렇지요. 양쪽이 서로 마음을 열고 마음으로 만나야 합니다. 자꾸자꾸 만남과 교류를 이어가면서 서로를 이해하려고 노력해야 합니다"

Q 민간 외교가 중요하단 말씀인가요.

A "우리도 그렇고 일본도 그렇고 서로가 서로의 역사를 모르는 게 문제입니다. 역사를 왜곡하는 것은 물론 잘못입니다. 뿌리를 거슬러 올라가면 한국과 일본은 떼려야 뗄 수 없는 관계지요. 663년 백촌강 전투에서 일본 지원을 받은 백제군이 나당연합군에 패하고서 일본으로 건너간 백제 유민만 20만 명이었다고 합니다.

왕족과 귀족은 물론, 학자, 고위관료, 지식인에서 장인과 기술자 일반 백성까지 다양한 계층의 유민이 건너가 일본에 선진 문물과 문명을 전파했지요.

그런 역사를 인정하고 서로가 배우는 자세를 가지고 그리고 양국 관계를 길게 봐야 합니다. 싫다고 이사갈 수도 없는 처지 아닙니까. 정상회담이나 정치인의 노력으로 양국 관계가 좋아지길 기다리다간 세월만 갑니다. 서로에게 손해지요. 자꾸 만나 마음과 마음이 통해야 사랑이 싹트고 연애도 하듯 한일관계도 그렇게 가야만 합니다"

Q 지금 정부에 하고 싶은 말이 있다면.

A "우리가 통일 선진국으로 가려면 일본과 손을 잡아야 합니다. 미국의 압력에 의해 마지못해 잡는 게 아니라 자발적이고 적극적으로 잡아야 하지요. 그게 우리에게 이익입니다. 북한에 올인 하면서 일본을 무시하고 방치하고 패싱하는 느낌입니다. 통일을 위해서는 미국과 중국도 중요하지만 일본도 필요합니다.

대통령은 김정은 위원장에게 일본 총리와도 만날 것을 적극 권해야 합니다. 우리가 그런 마음을 가지고 노력한다면 일본은 진심으로 고마워할 것입니다."

◇ ◇ ◇

### 20년 미 체류 미국통이자 일본통 '나이 안 밝히는 게 원칙'

이승신은 원래 미국통이다. 이화여대 영문과를 졸업하고 20여 년 미국에 머물렀다. 2011년 동일본 대재난 때 상처 입은 일본인들을 바라보며 마음으로 250 수의 시를 지은 것이 일본통으로 알려진 계기가 되었다. '삶에 어찌 꽃피는 봄날만이 있으랴' 제목의 그 시집은 한·일 양국에서 베스트셀러가 됐다. '숨을 멈추고' 시집을 읽은 박근혜 전 대통령이 이승신에게 직접 전화를 걸어 감동을 전했다는 에피소드도 있다. 대통령이 되기 전 일이다.

'처음엔 좀 부담스러웠던 게 사실입니다. 하지만 세계를 경험하고 공부해서 생긴 글로벌 안목으로 보는 것이 일본만 깊이 파는 것보다 일본을 오히려 더 잘 볼 수 있다는 생각을 해 봅니다' 일본통으로 알려진 게 부담스럽지 않으냐 는 질문에 대한 대답이다.

평양 출신으로 고위 공직을 지낸 선친으로부터 '무엇을 하든지 글로벌 안목을 가지고 글로벌리 하라는 말을 글로벌이란 어휘를 전혀 쓰지 않던 어린 시절부터 듣고 자랐다.

그는 인터뷰하면서 나이 밝히지 않는 것을 원칙으로 한다. 좋은 취지로 말을 해도 나이라는 편견으로 뜻과 내용이 왜곡될 수 있다는 것이 이유다.

배명복 칼럼니스트 대기자

산케이 신문 　　　　　　　　　　　　　　2011 10 8

〔외신 칼럼〕　서울에서 여보세요

## 감동과 격려의 시집

대체 이게 무슨 일인가
　　　세기의 종말이 왔단 말인가 할 말을 잃다
何ごとぞまさしくこれは何ごとぞ世の終末か言葉失う


큰 재앙에 겸허히 선 줄은 차라리 간절한 기도요
　　　우리가 받는 가르침이다
惨事にもなお慎ましきその列は切なる祈り吾らへの教示

일본의 배려와 인내, 위기 속에 돋보이는 아름다운 자세
危機の中さらに際立つ眞（まこと）の美
　　　　　　日本の配慮と忍耐こそは


한국인으로서 처음으로 일본 宮中歌會始(궁중 우다카이하지메)에 단가의 대가로 초청받은 가인 손호연을 어머니로 둔 시인 이승신이 동일본 대재난을 맞은 일본인을 마음에 담아 지은 시집 『삶에 나라에 어찌 꽃피는 봄날만이 있으랴 – 동일본 대재난에 부쳐』가 한국에서 출간되었다.

이승신 시인은 손호연 단가연구소 이사장이며 서울의 '복합예술공간' THE SOHO 대표이기도 하다. 단가 시를 통해 일생 한·일 간의 이해와 화해를 읊어 온 어머니의 뜻을 이어 지금까지의 어머니 시집들을 한국어와 영어, 프랑스어로 번역 출판하고 시낭송회와 멀티예술 콘서트 등의 기념 이벤트들을 열어 세계에 문화를 통한 '사랑과 평화의 정신'을 이어 온 공로로 2008년 일한문화교류기금상을 수상하기도 했다.


시인 어머니 계시다면 정겨운 시로 아픈 마음 전했겠네
　歌詠みの母なら君に伝えしを同じ痛みを分かつ心を

그 절제와 인내 배려와 의연한 모습 어머니에게서 보았었지
　その節制,忍耐,配慮,その毅然, 亡き母の内に吾見たるもの

어른은 마음으로 운다고 가르치신 어머니
　　　　　　마음으로 우는 그대 보며 떠오르네
大人なら心で泣けと諭し母心で泣く君見て思い出す


일본인에게「그대」라고 말을 걸며 감동과 격려를 담은 단가 250 수는 한국어와 일어 2개 국어로 되어있다.


희생과 의연한 정신, 진정한 선진국이란
　　　　　　이런 것이라고 차분히 보여주는 그대
先驅けて進む國のみ示しうる犠牲と毅然きぜん 言葉少なに


지금은 울 때 그러나 울지 않을 때
　　　　　　한 줌의 햇살로 오는 님을 마주할 때
一握の光かざして踏み出せばすでに遠くにかすむ悲しみ


　　　　　　　　　　　구로다 가츠히로　黑田勝弘

## 〈일본인에게 부치는 단가로 쓴 편지〉가 주는 감동

동경 프레스센터

이승신은 한국인으로 수많은 뛰어난 단가 시를 남기고 일본과 한국의 우호 관계에 다대한 공헌을 해온 손호연 시인의 장녀다. 그가 지금 한국의 시인으로 활약하고 있는 것은 그 어머니에게서 이어지는 감성과 재능에 의함이리라.

이 시인 이야기를 하려면 어머님 손호연 시인 이야기를 하지 않을 수가 없다. 여러 해 전 동경의 대학에서 만난 손 시인의 첫 인상과 느껴지는 열의, 그리고 해방 후에도 한국에서 유일한 단가 시인으로 계속 단가 시를 지어왔다는 사실에 나는 매우 놀라고 큰 감명을 받았다.

이승신 시인이 지금 한국과 일본에서 이렇게 단가집을 낼 뿐만 아니라 관련된 많은 행사를 세계에서 하고 있다는 것이 놀랍고 감개무량할 뿐이다. 그때 손 시인은 한국에서 단가의 'ㄷ'자도 말할 수 없었고 비난받는 환경 속에서도 묵묵히 단가를 지어왔다고 말했기 때문이다.

그런데 지금 일본과 한국, 그리고 세계 어느 나라에서도 이렇게 이 시인의 활동이 공적으로 크게 인정받고 있다. 이것은 뭐니뭐니 해도 확실히 들려오는 평화를 향한 발소리라고 생각된다. 전에 듣던 이야기는 이제 상상할 수조차 없다.

그렇다면 그런 꿈을 실현해 준 사람은 누구일까?
그 생각을 할 때 손호연 시인의 힘이 크다고 나는 생각한다. 그가 일생 한국에서 지은 단가 시 중 한 수를 한일정상회담에서 고이즈미 총리가 낭송을 했는데 그것은 단가에 양국의 가교가 되어달라는 마음을 넣었다는 것을 의미하는 것이다.

참으로 섬세한 배려심이 있고 무엇보다 애정이 지극히 많은 분이었다. 게다가 그 애정은 굳센 정신이 뒷받침되어 있다.

굳센 정신이 무언가 하면 동경 유학 후, 귀국하여 서울에서 교편을 잡고 있을 때 해방이 되었지만 자신의 마음을 계속 시로 표현했는데 거기에 단가라는 형식을 선택한 것이다.

그가 선택한 단가라는 표현 방식은 일본에 의리가 있어서가 아니다. 그 형식을 '시대가 이렇게 변했으니' 하며 바꾸는 것은 자신을 배신하고 속이는 일이다. 자신을 속이지 않은 것, 그것이야말로 손호연의 강함이라고 나는 생각한다.

2011년 3월 11일 동일본을 덮친 유례없는 대지진과 원전사태는 수많은 인명을 앗아갔다. 비참한 그 뉴스는 순식간에 세계로 전해졌고 평시 일본과 깊은 교류를 갖고 있는 한국의 이승신 시인을 놀라게 하고 슬프게 했다.

이 시집은 그 와중에 우러나오게 된 단가로 지은 노래이다.
이웃 나라가 입은 재난에 곧바로 그런 슬픔을 읊은 시인에게 나는 깊이 감동하며 그런 사랑에 존경의 마음을 강하게 품게 된다.

어머니 시인이 살아계셨다면 나왔을 단가를 이승신이 쏟아내었고 그가 단가로 시를 지은 건 이번이 처음이 아닐까 생각된다.

그렇게 하게 할 만큼이나 어마어마하게 컸던 그 재난의 충격의 힘을 생각함과 동시에 국경을 뛰어넘어 마음과 마음을 연결해 주는 '시의 힘'을 나는 더욱 크게 느끼게 된다.

'엄마가 안 보이자 나는 시를 쓰기 시작했다
마음과 소통하는 길, 한 줄의 시'

'그대는 내 가슴 속에 있다
그래서 아직도 살아 있는 것이다'

이 시가 바로 그걸 말해 주고 있다.

이처럼 이승신의 시는 그가 얼마나 널리 인류애를 소망하고 있는가를 보여주는 지극히 맑은 노래들이다. 그것은 나에게 커다란 인류의 연대 의식을 새삼 느끼게 해주고 있다.

특히 이승신은 '그대'라는 이름으로 상대에게 말을 걸거나 그걸 주어로 하여 일본에서 일어난 일을 시로 들어내고 있다.
'그대'란 누구인가? 여기서 '그대'란 일본인으로 바꾸어 놓을 수도 있는 가공의 인칭이 아닐까. 그런 능란한 언어 구사와 발상에 나는 깊이 감동한다. 자연스런 감정의 토로일 것이다.

엄청난 재난으로 우리가 배우게 되는 점도 많이 있다.

'지구의 마음을 보아야 해, 인간의 마음을 알아야 해
병든 지구 병이든 인간이 나으려면'

'어디에 해일이 지진이 지뢰와 전쟁이 있을지 몰라
어디에도 도망을 칠 수가 없다'

우리는 이런 각오의 마음을 가지고 스스로 지구의 정화를 위해 함께 일어서야만 한다.

일본인으로 나는 이승신에게 말하리라 '아리가토오ありがとう'라고.

나카니시 스스무 선생의 편지 중에서

나카나시 스스무中西 進
레이와令和 연호를 지은 만엽집 연구 1인자

中西進 최서면 피터현 선생 - 손호연 시인 10주기 서울

왜 교토인가 2

내가 살던 동네 데마치出町

발    행 | 2023년 3월 31일

저    자 | 이 승 신

펴낸 곳 | 시가 詩家
등    록 | 제2021 - 01호
주    소 | 서울특별시 종로구 필운대로 17
전    화 | 02 722 1999
이메일 sonhoyunim@hanmail.net

ISBN  | 979-11-972310-1-8

www.leesunshine.com

ⓒ 이승신 2023


값 25,000원
본 저작물은 저작자의 지적 재산으로 무단 전재와 복제를 금합니다.